U1004316

劉賀

江西省社会科学“十四五”规划基金重点项目

“海昏侯刘贺墓出土玉器整理与研究”（批准号：23WT86）

海昏文化丛书编委会

主　编：彭明瀚

副主编：范丽君　王　磊

编　委：帅　飞　赵艺博　高芳斌　徐卫平（按姓氏笔画排序）

南昌汉代海昏侯国遗址博物馆

海昏文化丛书

美玉海昏

刘贺墓园出土玉器

南昌汉代海昏侯国遗址博物馆 编
彭明瀚 编著

江西人民出版社
Jiangxi People's Publishing House
全国百佳出版社

目 录 CONTENTS

图一 刘贺墓内棺第一层玉器出土场景

概述

江西省南昌市新建区大塘坪乡墎墩山西汉第一代海昏侯刘贺墓园，出土文物5万多件(套)，涵盖玉器、青铜器、金银器、铁器、漆器、陶瓷器、竹木器等，其数量之大、种类之多、品质之精，为西汉王侯墓考古所仅见，堪称一部反映西汉鼎盛时期璀璨文化的百科全书，具有极高的历史价值、科学价值、艺术价值和时代价值。该墓园出土玉器有印、圭、璧和琉璃席等等，除战国玉剑具、玉珩、玉舞人、玉勒等少数为前代遗留下来的旧玉外，绝大多数都是西汉中后期流行的器种，属于典型的汉玉，代表了当时琢玉工艺水平。

一、刘贺墓园玉器的考古发现

2011年以来江西省文物考古研究院等单位发掘了刘贺夫妇墓、外藏车马坑及其祔葬墓5座，仅刘贺墓(M1)和刘充国墓(M5)出土玉器。刘贺墓椁室由正藏椁、缴道、回廊形外藏椁和甬道构成，东西长16.1、南北宽16.5米，面积约265.7平方米，椁室中央为正藏椁，分东、西室[1]。玉器分散存放在北藏椁、西藏椁和正藏椁3处，约400件[2]。北藏椁、西藏椁属于“内官”系统，出土玉器有琉璃磬和玉具剑、玉舞人、玉珩、玉板、玉印、镶玉漆樽等生活用玉，其中西藏椁1件漆笥内盛玉器189件，包括玉剑具44件，玛瑙贝25枚，17件玉器残件，以及103件半成品和玉材。武器

[1] 江西省文物考古研究所等：《南昌市西汉海昏侯墓》，《考古》2016年第7期。

[2] 江西省文物考古研究院、厦门大学历史系：《江西南昌西汉海昏侯刘贺墓出土玉器》，《文物》2018年第11期。本文中提到刘贺墓椁室出土玉器不特别注释者，均据此。

▲图 2　漆笥内存放的玉器残件

▲图 3　镶玉漆樽出土场景

▲图 4　玉具剑与漆剑椟

集中堆放区出土玉剑具 34 件，其中 14 件玉具剑保存状况较好，玉剑具与剑、剑鞘之间关系清楚，为我们研究西汉时期的玉剑具组合提供了珍贵实物资料。

主藏椁西室仅出土玉具剑 1 件、龙形饰 2 件和玉杯 2 件。东室出土玉具剑、玉印、玉耳杯、韘形玉佩、玉璧、玉珠等 100 余件。外棺盖板上放置 3 柄玉具剑，内棺盖板上放置 1 柄玉具剑 [1]。外棺头厢出土 3 件青玉璧，其中 2 件存放在专用圆形漆盒内，器表涂朱；另 1 件叠压在漆笥上。内棺头箱漆盒内出土 1 件玉圭，棺内墓主人周围发现玉温明、玉枕、玉窍塞、玉握、琉璃席、玉璧、玉印、玉具剑、玉带钩、韘形玉佩、玉觿和玉串饰等 [2]。

刘充国墓棺内出土玉圭、玉璧、玉环、玉剑具、玉带钩、韘形玉佩、玉觿、玉管、玉板、玉片、玉珠、玉枕、玉握、玛瑙贝、玉串饰和琉璃席等近 100 件玉器，集中分布于棺内墓主头部和腰部。棺外出土玉具剑、玉带钩、玉樽各 1 件。

二、玉器的种类

刘贺墓园出土玉器 500 多件，器类 20 多种，包括玉印、玉圭、玉璧、玉环、玉璋、玉耳杯、玉樽、玉带钩、玉佩、玉觿、玉剑具、玉舞人、玉珩、玉管、玉板、玉枕、玉窍塞、玉握和琉璃席，以及漆器、青铜器上形状各异的嵌饰。

[1] 内、外棺之间墓主右侧出土 1 柄玉具剑，原本放在内棺盖上，可能是主棺向西侧垮塌时滑落至内、外棺之间。

[2] 中国社会科学院考古研究所、江西省文物考古研究院：《江西南昌西汉海昏侯刘贺墓主棺实验室考古发掘》，《文物》2020 年第 6 期。本文中提到刘贺墓内棺出土玉器不特别注释者，均据此。

（一）玉印

依印纽形态，大致可以分为四型。

A 型，螭纽，印面阴刻缪篆“刘贺”（图版 001）。西汉时期对不同身份者所用印章材质、纽式有严格规定，据《汉官仪》，天子六玺“皆白玉螭虎纽”，用虎纽是因为“虎，兽之长，取其威猛，以执伏群下也”，汉武帝元狩四年（公元前 119 年），“令通官印方寸大小，小官印五分，王公侯金、两千石银、千石以下铜印。”[1] 螭纽玉质官印，仅见于广东省广州市西汉早期南越王赵眜陵，出土于墓主腰部，2.3 厘米见方，印面阴刻篆书“帝印”[2]。河北省保定市满城区中山靖王刘胜陵棺床南侧出土 2 件螭纽玉印，2.7 厘米见方[3]；江苏省扬州市邗江区西汉广陵王刘荆墓[4]、姚庄 102 号墓各发现 1 方螭纽玛瑙印[5]，2.7 厘米见方。这几方螭纽印，因无文字，无法断定其属于官印还是私印。螭纽玉质私印，比较罕见，比如，江苏省徐州市黑头山西汉早期刘慎墓出土 1 方螭纽玉印，2.4 厘米见方，印面阴刻篆书“刘慎”[6]。刘贺螭纽玉印使用了皇帝玺印专用的纽制[7]，用意值得深入研究。

B 型，龟纽，四足踏在方形印台四角，龟背上刻龟甲纹。依龟纽造型，可以细分为二亚型。

Ba 型，龟身较平，头微缩，四肢弯曲，腹侧内凹，未穿通，印面无字（图版 003）。

Bb 型，龟背微隆，头前伸，四足微登，腹下有穿孔；印面无界格，阴刻篆书“大刘记印”（图版 002）。

西汉早期龟纽，龟身较平，头颈微缩不伸出，腿部弯曲，如广东省广州市南越

---

[1]（汉）应劭撰、（清）孙星衍校集：《汉官仪》，（清）孙星衍等辑，周天游点校《汉官六种》，中华书局，1990 年，第 187—188 页。

[2] 广州市文物管理委员会等：《西汉南越王墓》，文物出版社，1991 年，第 199—202 页，图版一一七。

[3] 中国社会科学院考古研究所、河北省文物管理处：《满城汉墓发掘报告》，文物出版社，1980 年，第 140—141 页，彩版一六。

[4] 南京博物院：《江苏邗江甘泉二号汉墓》，《文物》1981 年第 11 期。

[5] 扬州博物馆：《江苏邗江县姚庄 102 号汉墓》，《考古》2000 年第 4 期。

[6] a. 徐州博物馆：《江苏徐州黑头山西汉早期刘慎墓发掘简报》，《文物》2010 年第 11 期。
b. 北京艺术博物馆、徐州博物馆：《龙飞凤舞——徐州汉代楚王墓出土玉器》，北京美术摄影出版社，2016 年，第 18 页。

[7] 彭明瀚：《海昏藏美》，文物出版社，2022 年，第 32—36 页。

▲图 5 刘充国墓内棺玉器出土场景

王陵出土“左夫人印”龟纽鎏金铜印、“泰夫人印”龟纽鎏金铜印、“[部]夫人印”龟纽鎏金铜印[1]，江苏省徐州市簸箕山汉墓出土的“宛朐侯埶”龟纽金印[2]，等等。西汉中晚期，龟首伸出，腿部伸直，如南昌墎墩山刘充国墓出土的“刘充国印”银印。从印文字体看，西汉早、中期四字印中的“印”字最后一笔多下撇一点，且拐弯处呈直角，如江苏省徐州市狮子山楚王陵出土的“楚御府印”桥纽铜印、“楚侯之印”桥纽铜印、“食官监印”桥纽铜印，北洞山楚王陵出土的“楚武库印”桥纽铜印、“山桑丞印”桥纽铜印[3]。西汉晚期，“印”字拐弯处呈圆角，最后一笔不下撇。从龟颈、足的特征分析，Ba型玉印为西汉早期或稍晚的风格；Bb型玉印则是中晚期的风格，

▲图6 “刘充国印”龟纽银印

▲图7 “昌”锥纽石印

[1] 西汉南越王博物馆：《西汉南越王博物馆》，第44—45页。

[2] 中国国家博物馆、徐州博物馆：《大汉楚王——徐州西汉楚王陵墓文物辑萃》，第64页。

[3] 中国国家博物馆、徐州博物馆：《大汉楚王——徐州西汉楚王陵墓文物辑萃》，第65—66、70、72—73、75页。

“印”字拐弯处呈直角，略带圆意，最后一笔微外撇，带有西汉中期向晚期印面、字体过渡的特征。《汉旧仪》载：“列侯黄金印、龟纽，文曰印。”[1]据《汉官仪》，天子六玺用虎纽，臣下印用龟纽，是因为“龟者阴物，负甲抱文，随时蛰藏，以示臣道功成而退也”[2]。如，广西壮族自治区贺州市铺门公社河东大队金钟村西汉前期夫妇合葬墓女棺旁出土1件玉质官印，龟纽，2.2厘米见方，白文篆书“左夫人印”[3]。

C型，锥纽，方形印台，印台上侧四面向上斜收至顶部，形成尖锥体。印纽与印台交界处对穿一圆孔，印面无界格，左上角阴刻“昌”，属于一方未刻完的印章。

D型，鼻纽，印体正视呈镈钟形，印面为截边椭圆形（图版004）。该印模仿青铜镈的外形，器体瘦长，舞部较窄，两侧斜直外张，没有扉棱；以楚式玉器独有的简化绞丝纹分隔出钲部、鼓部，钲部方框内阴刻卷云纹[4]，带有东周青铜镈的特征。因此，该印章属于东周时期楚式玉器，但印文却是汉代所刻，属于旧器新工，镈钟形印章系首次发现。印文“容欢”，系吉祥语，河北省保定市满城区西汉中山靖王王后窦绾墓出土“同欢”青铜吉语印[5]，二者寓意大体相近。该印出土于刘贺墓内棺墓主口腔内，当为口琀。以玉印作口琀的习俗，在江苏省徐州市黑山头西汉墓[6]、湖南省长沙市咸家湖曹娥墓[7]、湖北省荆州市江陵凤凰山一六八号汉墓[8]等西汉墓中也有发现。

（二）玉璧

璧是一种有孔的圆形片状器，在《周礼》中居于六瑞玉之首。刘贺墓园出土的此类玉器，孔有大小之分，依孔径大小，大致可以分为三型。

A型，孔径小于全器二分之一，依器面装饰，大致可以细分为三亚型。

Aa型，器面光素无纹（图版007）。

---

[1]（汉）卫宏撰、（清）孙星衍校集：《汉旧仪遗补》上卷，（清）孙星衍等辑、周天游点校《汉官六种》，第93页。

[2]（汉）应劭撰、（清）孙星衍校集：《汉官仪》，（清）孙星衍等辑，周天游点校《汉官六种》，第188页。

[3] 广西壮族自治区文物工作队、广西贺县文物管理所：《广西贺县金钟一号汉墓》，《考古》1986年第3期。

[4] 杨建芳：《楚式玉器的特点》，《中国古玉研究论文集续集》，文物出版社、众志美术出版社，2012年，第123—183页。

[5] 中国社会科学院考古研究所、河北省文物管理处：《满城汉墓发掘报告》，第275页。

[6] 吕健、村益华：《江苏徐州黑山头西汉墓出土印章的几点认识》，《湖南省博物馆馆刊》第六辑，岳麓书社，2010年。

[7] 长沙市文化局文物组：《长沙咸家湖曹娥墓》，《文物》1979年第3期。

[8] 湖北省文物考古研究所：《江陵凤凰山一六八号汉墓》，《考古学报》1993年第4期。

▲图 8 刘贺墓外棺头厢蒲纹青玉璧出土场景

Ab 型，器面装饰不分区，纹样有谷纹（图版 008）、涡纹（图版 015）、蒲纹（图版 017）等。刘贺墓外棺头厢出土 2 件此型青玉璧，器表涂朱，贮藏在特制漆圆盒内，盒身、盒盖均挖出比玉璧略大的凹槽，以便玉璧严丝合缝地放入盒内。这件玉璧是为墓主人阴间生活准备的礼器。《周礼・春官・大宗伯》云：“以苍璧礼天，以黄琮礼地，以青圭礼东方，以赤圭礼南方，以白琥礼西方，以玄璜礼北方”[1]，苍璧即青玉璧，说明这种璧可以用于祭祀。西汉武帝时期规定，“王侯朝贺以仓璧”[2]，刘贺墓出土刘贺夫妇上书木牍中有关贺正月的内容，记载了刘贺为朝贺准备了“璧一、皮荐”[3]，即《汉书》中所说的“王侯宗室朝觐聘享，必以皮币荐璧，然后得行”[4]。盛放在漆盒内的涡纹青玉璧（图版 015）、蒲纹青玉璧（图版 017），可能是用于祭祀或朝贺礼仪的“仓璧”。

Ac 型，器面装饰分内外两区，内区饰谷纹（图版 019）、蒲纹（图版 020）等，外区饰展体兽面纹，作一首双身式（图版 018），也有饰凤鸟纹者（图版 022）。此型玉璧，有出土于内棺者，也有出土于外棺头厢者。刘贺外棺头厢出土 1 件；内棺

[1]（汉）郑玄注、（唐）贾公彦疏：《周礼注疏》卷十八，十三经注疏本，上海古籍出版社，1997 年，第 762 页。
[2]（汉）班固著、（唐）颜师古注：《汉书》卷二十四下《食货志第四下》，中华书局，1963 年，第 1168 页。
[3] 彭明瀚：《海昏藏美》，文物出版社，2022 年，第 84—94 页。
[4]（汉）班固著、（唐）颜师古注：《汉书》卷二十四下《食货志第四下》，中华书局，1963 年，第 1163 页。

出土 4 件，分别位于墓主胸部和裆部。刘充国墓内棺头厢出土 1 件。

B 型，孔径接近全器二分之一，以边轮是否镂空，可以细分为二亚型。

Ba 型，边轮没有镂孔，饰浮雕谷纹（图版 023）。

Bb 型，边轮镂雕卷草、凤、螭虎等花纹（图版 025）。

C 型，孔径大于全器二分之一，依器面装饰，大致可以细分为二亚型。

Ca 型，器面光素无纹（图版 026）。

Cb 型，器面装饰不分区，纹样有兽面纹（图版 027）、勾连云纹（图版 028）、绞丝纹（图版 029）等，兽面纹构图方式与 Ac 型玉璧外区相同。

▲图 9　Bb 型玉璧

这种有孔的圆形片状器，《尔雅·释器》依据孔径大小分为璧、环、瑗三种器物："肉倍好谓之璧，好倍肉谓之瑗，肉好若一谓之环。""好"即中间的孔，"肉"则是指周围的边轮。从考古出土汉代玉璧来看，绝大多数和《尔雅·释器》所说的三种比例不相符，边轮宽度与孔径的比例没有规律可循，比如，河北省平山县中山王墓出土 5 件墨书"它玉环"玉环，依《尔雅·释器》分类标准，其中环 3 件，璧、瑗各 1 件，但他们均自铭为"环"[1]。东汉许慎《说文解字》云："璧，瑞玉圜也。从玉辟声。""环，璧也。肉好若一谓之环。从玉瞏声。""瑗，大孔璧。人君上除陛以相引。从玉爰声。"[2] 从东汉人对这三个字的释义来看，统言之，三者全部属于璧，

[1] 常素霞：《关于战国中山国玉器的几个问题》，杨伯达主编《出土玉器鉴定与研究》，紫禁城出版社，2001 年。
[2]（汉）许慎著、（清）段玉裁注：《说文解字注》卷一《玉部》，上海古籍出版社，1981 年。

细分之，又可以分出瑗、环两种。刘贺墓主椁室东室棺前出土 Ab 型玉璧 1 件，棺上出土 C 型玉璧 2 件，该墓西藏椁中部出土的《筑墓赋》竹简上写着“厚费数百万兮，治冢广大长，缋锦周圹中兮，组璧饬庐堂”，记载该墓耗费了几百万钱，墓室宏大，四壁悬挂彩绘花纹的织锦[1]，棺室用组带串饰玉璧，椁室正好出土了 1 件 Ab 型玉璧、2 件 C 型玉璧，这足以说明这两类玉器，在当时人们的观念中都是“璧”。我们结合文物界的定名惯例，在本书采用夏鼐先生的分类法，把三者总称为璧，孔径大于全器二分之一者特称为环[2]。

▲图 10　Ab 型玉璧与龙形青铜钩出土场景

▲图 11　Ac 型玉璧与龙形青铜钩出土场景

[1] 朱凤瀚主编：《海昏简牍初论》，北京大学出版社，2020 年，第 225—234 页。
[2] 夏鼐：《商代玉器的分类、定名和用途》，《考古》1983 第 5 期。

（三）玉圭

呈尖首长方形片状，中部近底端对钻一圆孔。通体抛光，光素无纹，依大小可以分为二型。

A 型，大型，约合汉制七寸，出土于棺内头厢，存放在漆盒内。刘贺墓青玉圭（图版 005）出土时贮藏在外棺头厢一件特制漆方盒内，盒身、盒盖均挖出比玉圭略大的凹槽，以便玉圭严丝合缝地放入盒内。此型玉圭是为墓主人阴间生活准备的礼器。玉圭是我国古代传统礼玉之一，被广泛用作“朝觐礼见”，是表明等级身份的瑞玉和祭祀、盟誓的祭器：“公执桓圭，侯执信圭，伯执躬圭，缫皆三采三就；子执谷璧，男执蒲璧，缫皆二采再就，以朝觐宗遇会同于王。诸侯相见，亦如之。”[1] 刘贺墓下葬时身份为列侯，出土七寸青玉圭，符合相关规定：“命圭九寸，谓之桓圭，公守之；命圭七寸，谓之信圭，侯守之。”郑玄注云：“命圭者，王所命之圭者也。朝觐执焉，居则守之。”[2]

▲图 12 漆盒

[1]（汉）郑玄注、（唐）贾公彦疏：《周礼注疏》卷二〇，《春官宗伯》典瑞条，第 777 页。
[2]（汉）郑玄注、（唐）贾公彦疏：《周礼注疏》卷四十一，《冬官考工记》玉人条，第 922 页。

B型，石质，小型，长约9厘米，约合汉制4寸。这种小型玉石圭，在陕西省咸阳市西汉景帝阳陵、茂陵李夫人墓园、昭帝平陵陵园、成帝延陵陵园[1]、西安市雁塔区西汉宣帝杜陵陵园[2]以及甘肃省礼县鸾亭山西汉祭祀遗址[3]、山东省烟台市芝罘原阳主庙后殿前侧[4]等地均有出土，往往伴出玉璧，成组出土，以1件璧为中心，环绕数件玉石圭，可能是举行某种祭祀仪式后就地瘗埋所致，属于礼器。《周礼·玉人》云："圭璧五寸，以祀日月星辰。"[5]考古发现与文献记载大体相符。刘贺墓2件此型石圭均出土于西藏椁中部一件漆笥内，伴出玉料、玉剑具和各式破损的玉器以及青铜剑具、环权等，无法与礼器挂钩，可能是为墓主阴间生活准备的物品。

▲图13 石圭

（四）玉璋

长条形片状，射部斜削，呈直角三角形，符合"璋，半圭"的记载[6]。该白玉璋出土于刘贺墓内棺墓主腹部，伴出1块白玉片和贴金角形器、玉串饰等，可能下葬时玉璋和白玉片贮藏在贴金角形器内，挂在腰间。棺椁内出土玉璋、玉条的情况见于北京市大葆台西汉墓，1号墓内椁底板上出土一组白玉璋和长条形玉片，造型、大小与刘贺墓出土者相同[7]。江苏省徐州市东甸子1号西汉早期夫妇合葬墓，椁室内墓主腹侧各殉葬1件青玉璋[8]。

---

[1] 刘云辉：《陕西出土汉代玉器》，文物出版社、众志美术出版社，2009年，图版15—20页。
[2] 中国社会科学院考古研究所：《汉杜陵陵园遗址》，科学出版社，1993年，第73页。
[3] 早期秦文化联合考古队：《2004年甘肃礼县鸾亭山遗址发掘主要收获》，《中国历史文物》2005年第5期。
[4] 烟台市博物馆：《烟台市芝罘岛发现一批文物》，《文物》1976年第8期。
[5]（汉）郑玄注、（唐）贾公彦疏：《周礼注疏》卷四十一，《冬官考工记》玉人条，第922页。
[6]（汉）许慎著、（清）段玉裁注：《说文解字注》卷一，玉部。
[7] 北京市大葆台西汉墓博物馆：《大葆台汉墓文物》，文物出版社，2015年，第58页。
[8] 徐州博物馆：《徐州东甸子西汉墓》，《文物》1999年第12期。

▲图 14　白玉璋

▲图 16　白玉片

▲图 15　刘贺墓内棺玉璋出土场景

（五）玉片

长条形片状，打磨精细，出土于刘贺墓内棺墓主腹部，伴出玉璋。

（六）琉璃编磬

14件一堵，形制相同，琉璃质，器表呈灰白色，倨句明确，鼓股分明，底边弧拱。是古人用琉璃模仿玉料的杰作。素面。出土于刘贺墓北藏椁，伴出漆编磬架、漆磬棰、青铜编钟、漆瑟和漆摇铃筒等。

（七）玉耳杯

椭圆形，月牙形双耳，浅弧腹，平底内凹（图版116）。此杯由整块玉料雕琢而成，采用掏膛工艺，雕琢精美，属汉代玉器珍品。该耳杯造型与同墓所出漆耳杯、青铜耳杯相近。

（八）玉樽

器身呈直筒形，直壁，腹上部有2个浮雕兽面纹铺首，平底，下承三蹄足（图版117）。该樽造型与同墓所出漆樽、青铜樽相近。

（九）玉带钩

依钩身形态，大致可以分为五型。

A型，长棒形，钩身中部微拱起，背面近中部有一圆饼形纽。

B型，多节钩，由钩首、钩颈、钩身、钩纽4部分构成，相互之间的连接方式不

▲图17　琉璃编磬出土场景

是通常所见的用一根铁芯贯通法，而是通过颈部一块两头掏膛的方形白玉髓把钩首、钩身套接在一起，再从钩首一侧打入 1 根铁钉加固（图版 031）。这种多节玉钩，始于战国时期，流行于战国至西汉前期，西汉中期以后少见，河南省洛阳市西工区战国中期 3943 号墓[1]、山东省曲阜市鲁故城战国晚期 3 号墓[2]都曾发现这种玉钩。

C 型，钩身近扁长方体，尾部圆弧，钩面饰高浮雕子母螭纹（图版 032）。

D 型，侧视呈 S 形，钩首作螭回首形，钩颈细长，钩身正面隆起作琵琶形，钩尾呈弧形，背面近尾部有一圆饼形纽。钩面装饰各异，或饰瓦楞纹（图版 033），或饰浮雕螭虎纹（图版 034），或光素无纹（图版 035）。

E 型，作禽回首式，钩身浑厚敦实，如禽身，背面近尾部有一圆饼形纽（图版 036）。此类带钩，通长约 3 厘米，器体宽扁短小，与上述四型玉带钩形成鲜明对比，可能是剑带钩。湖南省长沙市马王堆三号汉墓出土遣册竹简三四〇“剑带二双”，出土物中包括 2 件小型青铜带钩[3]。山东省青岛市黄岛区土山屯刘赐墓出土刘君衣物名木方：“糸带一玉勾。系剑带一玉勾。玉具剑一。”该墓为西汉后期的县令墓，表明在西汉时期，衣带的配件称“钩”，剑也有专用的剑带，同样用钩来系联[4]。刘贺墓主椁室东室中部出土的同类青铜带钩，与玉具剑伴出，说明此类带钩可能是与剑带配套的专用钩[5]。

▲图 18　白玉带钩

[1] 洛阳市文物工作队：《洛阳市西工区 C1M3943 战国墓》，《文物》1999 年第 8 期。

[2] 山东省文物考古研究所等：《曲阜鲁国故城》，齐鲁书社，1982 年，第 170-171 页。

[3] 湖南省博物馆、湖南省考古研究所：《长沙马王堆二、三号汉墓》，文物出版社，2004 年，第 69 页，第 210 页。

[4] 青岛市文物保护考古研究所、黄岛区博物馆：《山东青岛土山屯墓群四号封土与墓葬的发掘》，《考古学报》2019 年第 3 期。

[5] 彭明瀚：《吉金海昏——刘贺墓园出土青铜器》，江西人民出版社，2024 年，第 93 页。

（十）韘形玉佩

呈扁平片状，韘体呈心形，正面微下凹，背面平整，中间有圆孔，大体可以分为四型。

A 型，中孔椭圆形，比例适中，两侧有透雕附饰，大体对称（图版 039）。该佩出土于刘贺墓内棺墓主右腰侧，伴出水晶珠饰 2 件，共同构成组佩。

▲图 19　A 型韘形佩组佩复原

B 型，中孔较大，近椭圆形，附饰比 A 型佩发达，两侧、顶部有透雕附饰，心形韘体的地位有所减弱（图版 041）。

C 型，中孔圆且大，中孔圆心也是全器的圆心，两侧有透雕附饰，呈圆璧形（图版 040），与北京市大葆台汉墓 1 号墓出土璧式韘接近[1]，属于璧与韘形佩结合后新出现的璧式韘形佩，是韘形佩从西汉中期向晚期演变的实例。

D 型，中孔圆且小，体瘦长，心形主体变得更为狭长，两侧有透雕附饰，其中一侧附饰末端呈尖锐状突出，类似同期玉觿的尾部（图版 042），属于觿与韘形佩结合后新出现的觿式韘形佩，是韘形佩从西汉中期向晚期演变的又一实例。该佩出土于刘充国墓内棺墓主胸前，伴出琥珀虎形饰 1 件、玉龟形饰 2 件，共同构成组佩。

韘形佩，在西汉时期称为“决”。《仪礼·乡射礼》云：“司射适堂西，袒决遂。”郑玄注云：“决，犹闿也。以象骨为之，著右大擘指，以钩弦闿体也。遂射韝也，以韦为之，所以遂弦者也。”[2] 山东省青岛市黄岛区张家楼镇土山屯 6 号汉墓出土遣

[1] 北京市大葆台西汉墓博物馆：《大葆台汉墓文物》，第 48 页。

[2]（汉）郑玄注、（唐）贾公彦疏：《仪礼注疏》卷一一《乡射礼第五》第 996 页。

册称“玉決一”[1]，墓中正好出土1件玉韘形佩，古籍记载、出土文献与出土文物三者互相印证。

C型、D型韘形佩，分别把西汉早期玉组佩的璧与韘、璧与觿组合在一起，创造出韘形佩的新形态。刘贺墓、刘充国墓保存完好，内棺出土的韘形佩及其附饰组合关系清楚，使我们得知西汉时期的韘形佩，既可以单独使用，也可以与其他附饰构成组佩，如果这一复原可信，将是西汉韘形佩组佩的首次发现，为我们正确认识过去已发现的同时期韘形佩的功能提供了一个新视角。

▲图20　D型韘形佩组佩复原

（十一）玉觿

扁平片状，首端对钻一圆孔，末端尖锐，依首端形状，大致可以分为二型。

A型，凤首，器身弧曲，作曲颈回首形，器身所饰浮雕卷云纹（图版038），带有浓厚的战国时期楚玉风格[2]。

B型，平首，扁平S形器身，尾尖如锥，素面无纹（图版037）。

西汉早期，玉觿既可以单独使用，也可以作为玉组佩部件，到西汉中后期，玉组佩基本消失，多数情况下玉觿作为佩饰单独使用。比如，陕西省西安市大白杨汉墓、西安市东郊窦氏墓[3]，江苏省徐州市云龙区驼驼山29号墓[4]和广东省广州市南越王

[1] 青岛市文物保护考古研究所、青岛市黄岛区博物馆：《琅琊墩式封土墓》，科学出版社，2018年，第29—32页。

[2] 杨建芳：《楚式玉器的特点》，《中国古玉研究论文集续集》，第123—183页。

[3] 刘云辉：《陕西出土汉代玉器》，图版91，第29页，图版221—223。

[4] 北京艺术博物馆、徐州博物馆：《龙飞凤舞—徐州汉代楚王墓出土玉器》，第44页。

▲图 21 刘充国墓玉觿出土场景

陵东侧室[1]出土的组玉佩，均包括玉璧、玉舞人、玉珩、玉觿等。玉觿位于组佩下端，碰撞时觿尾尖角容易折断，刘贺墓出土的三角形玉片（图 2 右下），恰好是刘充国墓出土玉觿尾部残损的尖角，二者严丝合缝。刘贺墓园出土 2 件玉觿，均与玉珠、玛瑙珠、琥珀虎形饰等小件饰品伴出，应为串饰的一部分。

（十二）玉环首刀

环首呈椭圆形，直柄，刀身残。类似的玉环首刀，2005 年在陕西省西安市北郊井上村新莽时期墓葬中曾有出土，与玉环、玉舞人、玉璜等构成一套玉组佩[2]。环首

▲图 22 玉环首刀(残)

[1] 广州市文物管理委员会等：《西汉南越王墓》，第 244—245 页，图版一五二。
[2] 刘云辉：《陕西出土汉代玉器》，图版 91，图版 224。

玉刀位于组佩下端，碰撞时容易折断，刘贺墓出土了3件玉环首刀，刀身均残损。

（十三）玉珩

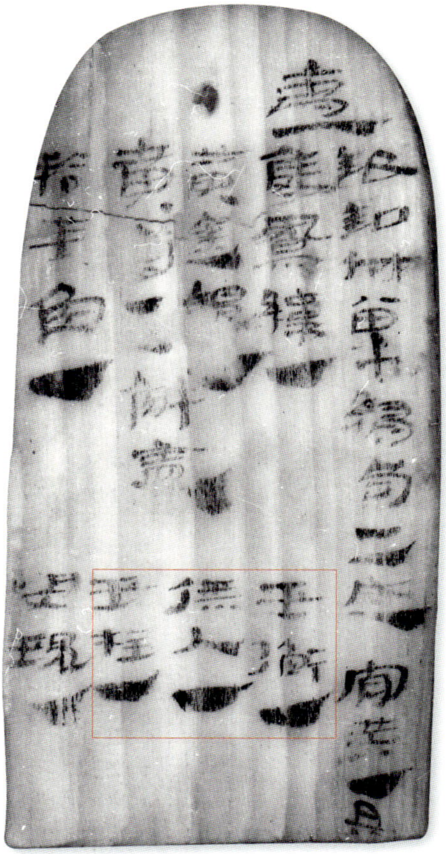

▲图23　木楬

扁平片状，弧形，双面雕同体双龙，顶部正中穿一小孔（图版118）。该珩造型、装饰风格与山东省淄博市临淄区商王村1号战国墓出土玉珩相近，所饰云纹也是战国时期玉器上流行的样式[1]，可能是墓主人收藏的旧玉。

珩使用时，凸面朝上，凹面向下，隆起的顶部和两下端都有穿孔，可以均衡地连缀其他玉件于其下，起着总束、平衡和节制其下玉件的作用，正如《说文解字》所云："珩，佩上玉也。从玉、行，所以节行止也。"[2] 该珩与下文提到的玉舞人和玉管贮藏在刘贺墓西藏椁一件釦银贴金嵌铜漆笥内，伴出木楬墨书："玉珩一、舞人一、玉柱一"，正好与上述3件玉器相对应，为这组玉器的定名提供了第一手资料。刘贺墓中出土了数百件玉器，唯独这组战国玉器有木楬记录，足见其重要性。

（十四）玉舞人

片状，双面雕，上下均有穿孔（图版119），说明此佩原本属于组玉佩中的一件。该器正反两面立体雕琢，细节生动，再现了舞人的曼妙身姿与动感舞韵。此类玉舞人见于战国末期，可能是墓主人收藏的旧玉。

汉墓中出土了数十件玉舞人，与刘贺墓出土玉舞人造型最为接近的主要有：广

---

[1] 梁中合等主编：《中国出土玉器全集》4，山东卷，科学出版社，2005年，第195页。

[2]（汉）许慎著、（清）段玉裁注：《说文解字注》卷一《玉部》。

▲图 24　象牙舞人

东省广州市西村凤凰岗西汉早期 1 号墓[1]、湖北省宜城市鄢城办事处跑马堤 26 号墓出土的玉舞人[2]和江西省南昌市永和大队畜牧场西汉墓出土的象牙舞人[3]。这 4 件舞人的共性为：姿态上，腰肢细长呈 S 形，裙底掩盖鞋子，呈喇叭形；发型上，两鬓卷曲，头后下垂一束编发；服饰上，身着右衽，一手上扬，举过头顶，另一手平置腹前，

[1] a. 广州市文物考古研究所：《广州西村凤凰岗西汉墓发掘简报》，《广州文物考古集》，文物出版社，1998 年。
b. 全洪主编：《中国玉器全集》11，广东卷，科学出版社，2005 年，第 121 页。
[2] 湖北省文物考古研究所、宜城市博物馆：《湖北宜城跑马堤东周两汉墓地》，第 91 页，科学出版社，2017 年。
[3] 江西省博物馆：《南昌东郊汉墓》，《考古学报》1976 年第 2 期。

衣袖自然下垂。这4件舞人与河南省洛阳市金村战国晚期大墓出土的双联玉舞人在造型、琢制技法方面接近[1]。我们在编辑《中国玉器全集》江西卷时收录了南昌西汉墓象牙舞人，当时未对其进行深入研究，沿用考古发掘简报的意见[2]，现在看来是不准确的，应该将其时代重新确定为战国。

（十五）玉管

呈圆柱形，中间对钻一穿孔。刘贺墓内棺墓主腰部出土玉管2根（图版044），伴出玛瑙珠，二者可以构成一件玉组佩，使用时挂在腰间。

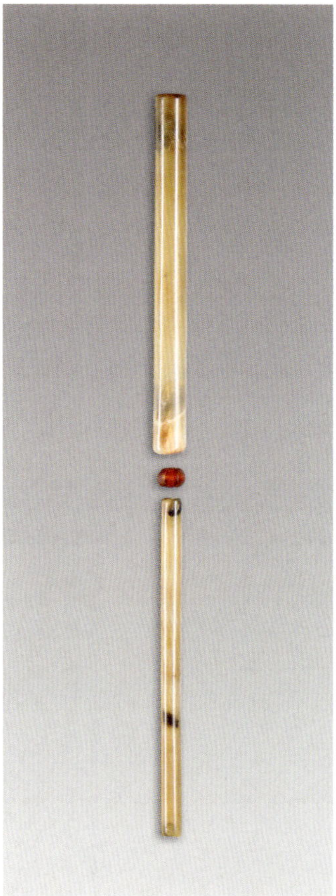

▲图25 玉组佩复原

（十六）玉剑具

玉剑具是指装饰剑的剑首、剑格和装饰剑鞘的剑璏、剑珌，完备的玉具剑应该包括这4种剑具，但从考古出土情况来看，4种玉剑具齐全的玉具剑少见，多数情况下是1–2件不等。前述山东省青岛市黄岛区土山屯刘赐墓出土刘君衣物名木方："系剑带一玉勾。玉具剑一。"伴出玉具剑，仅装饰玉剑格和玉剑璏2种玉剑具，说明在当时，只要装饰了玉剑具的剑都可以称玉具剑。刘贺墓出土玉剑具百余件，约占全部玉器的四分之一，但4种玉剑具齐备的仅1件，刘贺墓内棺出土的刘贺佩剑，也只装饰玛瑙剑格和剑璏（图版066）。刘贺墓玉剑具数量众多、材质多样、器种丰富，时代从东周到西汉，展示了玉剑具演变的历程[3]。

1. 剑首

有透闪石、玛瑙、辉岩石、蛇纹石4种材质，装饰纹样有螭虎纹、云纹、谷纹、柿蒂纹数种，依底部形态，可以分为五型。

---

[1] 杨建芳:《规律性认识与古玉辨伪—北京故宫博物院鹰攫人首玉佩及上博与弗利尔美术馆玉舞人的考察》,《文物》2003年第3期。

[2] 彭明瀚主编:《中国玉器全集》9，江西卷，科学出版社，2005年，第68页。

[3] 彭明瀚:《海昏藏美》，第119—122页。

▲图 26　玉剑首出土场景

▲图 27　刘充国墓出土玉具剑

A 型，圆柱形，横截面呈椭圆形，底部钻一较大圆孔，便于将剑茎末端直接插入（图版 058）。此型玉剑首是草创期的样式，始见于战国早期，比如，河北省邯郸市百家村春秋战国时期 57 号墓出土青铜剑，饰圆柱形玉剑首、一字形玉剑格[1]。此型玉剑首有时被定名为剑珌，刘贺墓东室出土玉具剑，剑首与剑柄关系清晰，为我们正确认定此型剑首提供了珍贵的实物资料。

B 型，圆柱形，横截面呈截边椭圆形，底部钻 1 个大圆孔（图版 068），个别的钻 1 个长方形孔，两侧各斜穿 1 个小孔，便于与剑茎末端固定，器体较小，始见于战国早期，比如，河南省洛阳市王城广场战国早期 153 号墓出土玉剑首与此造型近似[2]。此型玉剑首，过去往往被视为剑珌，刘充国墓内棺出土 1 柄玉具铁剑，4 种玉剑具齐备，玉剑具与铁剑、剑鞘之间关系清楚，使我们得以确认此型玉剑具为剑首。

C 型，蘑菇形，顶面圆形，下接一长圆管状柱（图版 056），便于插入剑柄末端，柱壁对穿小圆孔。此型玉剑首始见于东周时期越文化区，比如，浙江省东阳市前山战国墓出土绿松石剑首[3]、江苏省无锡市鸿山战国墓出土玉剑首[4]均与此型剑首造型相近。

D 型，侧视呈圆盘形，顶面微内凹，底部分内外两区，外区平整，内区凸起。依底部形状，可以细分为二亚型。

Da 型，底部内区圆形凸起，中间钻一个圆銎或一圈凹槽（图版 071）。

Db 型，底部中间为一长条状凸起，中心部位钻一圈凹槽和一个小圆孔，两侧平整（图版 072）。

E 型，圆饼形，顶面中部内凹或凸起，底部平整，中心部位钻一个小圆孔，孔外绕一圈凹槽，再钻数个与凹槽相通的斜钉孔，以便与剑茎铆接。依装饰纹样是否出廓，可以细分为二亚型。

Ea 型，无出廓（图版 074）。

Eb 型，底部饰 2 只螭虎，螭首、尾出廓，对称分布于剑首外侧（图版 075）。

玉剑首器型演变规律大致为：器体由高变矮，器面由小变大，装饰由简变繁。

---

[1] 河北省文化局文化工作队：《河北邯郸百家村战国墓》，《考古》1962 年第 12 期。

[2] 洛阳市文物工作队：《洛阳王城广场东周墓》，文物出版社，2009 年，第 387—388 页。

[3] 浙江省文物考古研究所等：《浙江东阳前山越国贵族墓》，《文物》2008 年第 7 期。

[4] 南京博物院等：《鸿山越墓发掘报告》，文物出版社，2007 年，第 315 页。

到战国晚期流行 E 型玉剑首，A、B、C、D 四型玉剑首已经罕见。

2. 玉剑格

有透闪石、玛瑙、辉岩石和琉璃 4 种材质，制作规整，打磨精细，器身前后两面中间起脊，尖端正对剑身中脊，横截面大体呈菱形，中部有纵向穿孔，穿孔多为圆角矩形，也有菱形或椭圆形者，多数剑格底部有凹槽，便于卡扣在剑柄与剑腊交界处。装饰纹样有兽面纹、浮雕螭虎纹等，以螭虎纹形态最为丰富。依据造型，大致可以分为二型。

A 型，器身顶面中部微下凹，底部齐平，正视呈凹字形（图版 120）。此型剑格始见于春秋战国时期，源于一字形青铜剑格，比如，河北省邯郸市百家村战国早期 57 号墓出土青铜剑，饰圆柱形玉剑首、一字形玉剑格[1]。江苏省无锡市新吴鸿山越国墓地战国中期墓出土的玉剑格，下端平齐，顶部下凹[2]，与此型玉剑格相近。

B 型，器身顶面中部下凹、两肩突出，下端出尖，正面中间起脊。依据装饰风格，大致可以细分为三亚型。

Ba 型，通体素面无纹（图版 076）。

Bb 型，两面阴刻兽面纹（图版 059），有的采用楚式玉器阴刻减地技法，显出浅浮雕效果（图版 079）。

Bc 型，一面饰浮雕螭虎纹，另一面饰阴刻兽面纹（图版 081）。

3. 玉剑璏

材质有玉、玛瑙、辉岩石和蛇纹石数种，依璏面与仓的形态，大致可以分为三型。

A 型，无檐，略呈长方形扁管状，璏面微弧（图版 121）。此型玉剑璏出现于春秋晚期至战国早期，战国晚期以后少见。比如，河南省洛阳市王城广场 145 号墓出土玉剑璏[3]。江苏省徐州市黑头山西汉早期刘慎墓出土 1 柄战国青铜剑，饰此型玛瑙剑璏[4]。

B 型，短檐，长方形仓位于璏面下部中间，依檐口形态，大致可以细分为三亚型。

---

[1] 河北省文化局文化工作队：《河北邯郸百家村战国墓》，《考古》1962 年第 12 期。

[2] 南京博物院等：《鸿山越墓发掘报告》，第 315 页。

[3] 洛阳市文物工作队等：《洛阳王城广场东周墓》，文物出版社，2009 年，第 387—388 页。

[4] 徐州博物馆：《江苏徐州黑头山西汉早期刘慎墓发掘简报》，《文物》2010 年第 11 期。

Ba 型，溜檐，璏面微弧（图版 122）。

Bb 型，平檐，璏面平直（图版 124）。

Bc 型，卷檐，璏面平直，两侧出檐下卷（图版 099）。

C 型，长檐下卷，长方形仓偏于璏面下方一侧。此型剑璏是较成熟的式样，璏面上的长檐只供装饰，并无实际用途，是战国中晚期随着剑体加长出现的新式样。依璏面是否有出缘，大致可以细分为二亚型。

Ca 型，无出缘。璏面装饰丰富，诸如云纹（图版 093）、蒲纹（图版 098）、螭虎纹（图版 086）、谷纹（图版 097）、龙纹（图版 091）等等，往往数种纹样并用，也有素面无纹者。雕琢技法有阴线刻、浮雕、高浮雕数种。

Cb 型，璏面一侧有出缘，作透雕龙形（图版 058）。

玉剑璏的演变规律为：器形由短变长，由不出檐发展为两侧出檐，再发展为一侧出长檐。A 型、B 型剑璏较原始，是草创期的样式，到战国晚期已经罕见；C 型玉剑璏始见于战国中晚期，流行于西汉，是刘贺墓出土玉剑璏的主流。

4. 玉剑珌

材质有透闪石、玛瑙、琉璃、辉岩石、黄蜡石五类，纹饰有螭虎纹、兽面纹、蒲纹、龙纹、凤纹或光素无纹。一般正视呈长方形或梯形，底面呈橄榄形，顶部常有穿孔 1 ~ 3 个，用于与剑鞘相连，依纵剖面形状，可以分为四型。

A 型，纵剖面呈长方形或方形，横截面呈截边扁椭圆形，顶部钻 1 个大圆孔（图版 101）。此型玉剑珌始见于战国早期，比如，河南省洛阳市战国粮仓遗址 62 号粮窖出土的玉剑珌[1]。

B 型，纵剖面呈长体梯形，上、下宽度接近，横截面呈八菱形，顶部钻 1 个大圆孔，两侧各斜穿 1 个小孔（图版 102）。类似玉剑珌，广东省广州市西村凤凰岗西汉早期墓[2]、象岗南越王陵各出土 1 件[3]，杨建芳先生认为此式玉剑珌是越式玉器。

---

[1] 洛阳市博物馆：《洛阳战国粮仓试掘纪略》，《文物》1981 年 11 期。

[2] a. 广州市文物考古研究所：《广州西村凤凰岗西汉墓发掘简报》，《广州文物考古集》。

b. 全洪主编：《中国玉器全集》11，广东卷，第 168 页。

[3] a. 全洪主编：《中国玉器全集》11，广东卷，第 167 页。

b. 杨建芳：《南越王墓玉器—楚汉越文化交汇、融合的见证》，《中国古玉研究论文集续集》，文物出版社、众志美术出版社，2012 年，第 255 页。

C 型，纵剖面呈梯形，上窄下宽，正面中部微隆，两侧渐收，横截面呈截边扁椭圆形，顶部钻 1 个大圆孔，少数在大孔两侧各斜穿 1 个小孔。依中腰是否收束或装饰纹样是否出廓，大致可以细分为三亚型。

Ca 型，腰线平直，不收束，顶端钻 1 个大圆孔（图版 103）。此型玉剑珌始见于东周时期，比如山西省侯马市西高村东周祭祀遗址出土的玉剑珌[1]，伴出与本文 A 型剑格相近的玉剑格。

Cb 型，中腰微收束，顶端钻 1 个大圆孔（图版 104），少数在大圆孔两侧各斜穿 1 个小孔。此型玉剑珌始见于战国早中期，流行于战国晚期至汉代，是刘贺墓出土玉剑璏的主流。

Cc 型，造型与 Cb 型相似，珌面装饰纹样出廓，伸出梯形体之外，立体感强（图版 107）。类似的螭虎纹构图方式，在山东省巨野县红土山西汉墓出土的螭虎纹玉剑珌上[2]也可见到。

D 型，呈钺形，上窄下宽，正面中部微隆，两侧渐收，顶部钻 1 个大圆孔；底面外凸，两角微上翘（图版 108）。珌体两面均阴刻单体兽面纹。此型玉剑珌少见，陕西省西安市北郊枣园南岭西汉早期墓出土者与之相近[3]。

玉剑珌的演变规律为：器形由厚短变为扁长，装饰由简到繁。A 型、B 型、Ca 型玉剑珌到战国晚期已经少见，西汉时期流行 Cb 型玉剑珌，Cc 型仅见于王侯墓中。

（十七）青铜釦玉盖

由圆形青铜盖釦、玉环和玉纽三部分组成，局部有黄色沁（图版 114）。该器出土于刘贺墓西室中部，伴出玉杯残片，此盖当与杯为一套。

（十八）玉勒

呈不规则圆柱体，两端粗细不一，对穿一圆孔（图版 126）。此器从制作工艺、装饰风格来看，属于东周旧玉。此勒出土于刘贺墓内棺墓主裆部，压在青玉璧下，应该是肛塞。以玉勒作肛塞，在西汉王侯陵墓中尚属首次。

---

[1] 山西省考古研究所侯马工作站：《山西侯马西高东周祭祀遗址》，《文物》2003 年第 8 期。

[2] 山东博物馆编：《山东地区西汉文明展》，山东美术出版社，2016 年，第 110 页。

[3] 西安市文物保护考古所：《西安北郊枣园大型西汉墓发掘简报》，《文物》2003 年第 12 期。

（十九）玉板

长方形片状。刘充国墓内棺墓主头部、胸前各出土 1 块大小、造型与刘贺墓玉枕枕面相同的玉板，一块四周残留朱漆勾边，伴出玉珠、菱形玉片，其中一些菱形玉片也残存朱漆勾边痕迹。据已发现的西汉玉枕推测，墓主头部一块玉板是玉枕面板，胸前一块玉板是玉枕前侧板，棺椁垮塌时滑落至胸前；后侧面板镶嵌若干菱形玉片，两端各镶嵌 1 块 Aa 型玉璧（图版 007）。

▲图 28　玉板

（二十）玉珠 包括玉、玛瑙、水晶、绿松石、琉璃等不同材质，依器形大致可以分为五型。

A 型，半球形、椭圆形，无穿孔，系漆器、青铜器等器物上的嵌饰。

B 型，呈球形，中间对钻一圆孔（图版 050）。此型玉珠，系玉组佩或其他串饰上的组件。

C 型，呈六菱双锥形，中间对钻一圆孔（图版 055）。此型玉珠，带有鲜明的南

▲图 29　A 型玉珠

亚风格[1]，系玉组佩或其他串饰上的组件。

D 型，圆管状，中间对钻一圆孔（图版 046）。此型玉珠，系玉组佩或其他串饰上的组件。

E 型，橄榄形，中间对钻一圆孔（图版 049）。此型玉珠，系玉组佩或其他串饰上的组件。

（二十一）琥珀佩饰

呈扁平椭圆形，中间对穿一孔（图版 051）。器内有小虫，属西汉考古史上的首次发现。

（二十二）琥珀虎

呈圆雕虎形，身躯中间对穿一孔（图版 052）。

（二十三）玛瑙贝

贝形饰在汉代多数时候用于腰带装饰，称“贝带”。《汉书·佞幸传》云：“故孝惠时，郎侍中皆冠鵔鸃、贝带、傅脂粉，化闳、籍之属也。”[2]江苏省徐州市狮子山楚王陵出土石豹形镇、北洞山楚王陵出土青玉熊形镇，豹、熊颈部戴有嵌贝项圈，贝横向缝缀在带上，为我们展示了贝带的一种样式[3]。江苏省盱眙县大云山江都王陵盗坑出土玛瑙贝带、白玉贝带各 1 套，带丝质衬底已朽，仅存鎏金青铜釦玉带板 2 件、红玛瑙贝形饰 44 件，遗迹显示，玛瑙贝每排 2 枚、竖向缝缀在丝质衬底上，是贝带更为豪华的样式[4]。刘贺墓出土玛瑙贝 25 枚，发现于西藏椁中部一件漆笥内，可能是制作贝带的材料（图版 047）。

（二十四）龙形饰

龙首前伸，圆眼，下颌上翘，上颌外卷，闭口；龙身竖直，两侧出钩形翼，翼饰鳞纹，背饰一素面拱形横穿孔纽；龙尾盘旋呈筒形。周身饰楚式玉器特有的横绞丝纹和卷云纹（图版 125）[5]。

---

[1] 广州市文物考古研究院：《广州出土汉代珠饰研究》，科学出版社，2020 年，第 284 页。

[2]（汉）班固著、（唐）颜师古注：《汉书》卷九十三《佞幸传第六十三》，中华书局，1962 年，第 3721 页。

[3] 中国国家博物馆、徐州博物馆编著：《大汉楚王——徐州西汉楚王陵墓文物辑萃》，第 257 页、269 页。

[4] 南京博物院、盱眙县文化广电和旅游局：《大云山——西汉江都王陵 1 号墓发掘报告》，文物出版社，2020 年，第 186—188 页，彩版五二。

[5] 杨建芳：《楚式玉器的特点》，《中国古玉研究论文集续集》，第 123—183 页。

（二十五）丧葬玉器

两汉时期是丧葬用玉发展的高峰时期，形成了完备的葬玉组合，刘贺墓出土丧葬玉器有玉璧、玉温明、玉枕、玉席、玉印、玉窍塞、玉握和琉璃席等，缺少诸侯王墓常见的镶玉漆棺、玉衣。

1. 墓室装饰用璧

战国中晚期，玉璧开始作为葬玉使用，为西汉所继承，并进一步完善。刘贺墓所见丧葬用玉璧有墓室装饰、棺前装饰和殓尸三种形式。外棺四周出土了1块Ab型白玉璧、2块Cc型青玉璧，据考是装饰椁室之物，属于葬玉，伴出鎏金青铜钩为衔璧之物，正如《后汉书·舆服志》所云："大行载车，其饰如金根车，加施组连璧交络四角，金龙首衔璧，垂五采，析羽流苏前后，云气画帷裳，榱文画曲轓，长悬车等。"[1]

2. 棺前头挡悬璧

棺前头挡外悬玉璧在江苏省徐州市汉代高等级贵族墓中较为普遍，比如，子房山M3、后楼山M1、后楼山刘娙墓、火山刘和墓、小长山M4、铁刹山M11[2]和黑头山刘慎夫妇墓[3]等墓葬的棺前都出土玉璧1件；韩山M1棺前悬璧，璧面还残留十字形织物痕迹，类似的情况见于江苏省扬州市高邮天山乡神居山广陵厉王刘胥王后墓，棺前悬璧用3股绢带（原本如韩山M1十字形穿璧式，其中1股腐烂）和1个鎏金青铜钉把1件蒲纹青玉璧固定在内棺前头挡正中间[4]。刘贺墓西藏椁中部出土的《筑墓赋》竹简上写有"黄金釦鉔叶兮白璧结首""黄金釦鉔叶"，意即棺外黄金片饰，棺上可见鎏金青铜柿蒂形饰；"白璧结首"意即棺前头挡悬挂白璧，外棺头厢、内棺头挡前正好出土1件Ac型青玉璧(图版021)，二者互相印证。

3. 殓尸玉璧

殓尸玉璧主要是放置在墓主的前胸后背，《周礼·春官宗伯·典瑞》云："疏璧琮以殓尸。"郑玄注："圭在左，璋在首，琥在右，璜在足，璧在背，琮在腹。盖取

[1]（晋）司马彪撰、（梁）刘昭注补：《后汉书》志第二十九《舆服志上》，中华书局，1965年，第3651页。

[2] 李银德：《汉代楚（彭城）国葬玉研究》，《湖南省博物馆馆刊》第十六辑，岳麓书社，2020年。

[3] a. 徐州博物馆：《江苏徐州黑头山西汉早期刘慎墓发掘简报》，《文物》2010年第11期。

b. 北京艺术博物馆、徐州博物馆：《龙飞凤舞——徐州汉代楚王墓出土玉器》，第40—41页。

[4] 殷志强、张敏主编：《中国出土玉器全集》，江苏、上海卷，科学出版社，2005年，第111页。

▲图 30　刘贺墓内棺头挡青玉璧出土场景

象方，明神之也。疏璧琮者，通于天地。”[1] 河北省保定市满城区中山靖王刘胜玉衣内前胸后背发现玉璧 18 块，其中前胸 3 列 13 块，中间 3 块，两旁各 5 块；后背 5 块，中间 3 块，两肩下各 1 块。王后窦绾玉衣内前胸后背发现玉璧 15 块，其中前胸 3 列 11 块，中间 3 块，两旁各 4 块；后背 1 列 4 块。玉璧两面留有织物粘贴痕迹，推测先用丝带将玉璧彼此编联，再在玉璧表面粘贴一层织物，把前胸与后背的玉璧各自编联在一起[2]。山东省巨野县红土山汉墓墓主身上置玉璧 17 块，身下放玉璧 11 块[3]。广东省广州市南越王玉衣上发现 10 块青玉璧，玉衣内尸身上铺盖 14 块青玉璧，其中 2 块置于头部两耳间，其余 12 块分 3 列放置；玉衣下、内棺底铺 1 列 5 块青玉璧[4]。刘贺墓内棺可以确定为殓尸玉璧者 9 块：两耳外侧各 1 块（图版 011），脸部 1 块（图版 013），颈上 1 块（图版 012），胸前 3 块（图版 018、019、020），下腹部 1 块，颈下 1 块（图版 009）。

---

[1]（汉）郑玄注、（唐）贾公彦疏：《周礼注疏》卷二〇，《春官》典瑞条，第 778 页。

[2] 中国社会科学院考古研究所、河北省文物管理处：《满城汉墓发掘报告》，第 37 页，245—246 页。

[3] 山东省菏泽地区汉墓发掘小组：《巨野红土山西汉墓》，《考古学报》1983 年第 4 期。

[4] a. 广州市文物管理委员会等：《西汉南越王墓》，第 155 页。
b. 西汉南越王博物馆：《西汉南越王博物馆》，第 36—37 页。

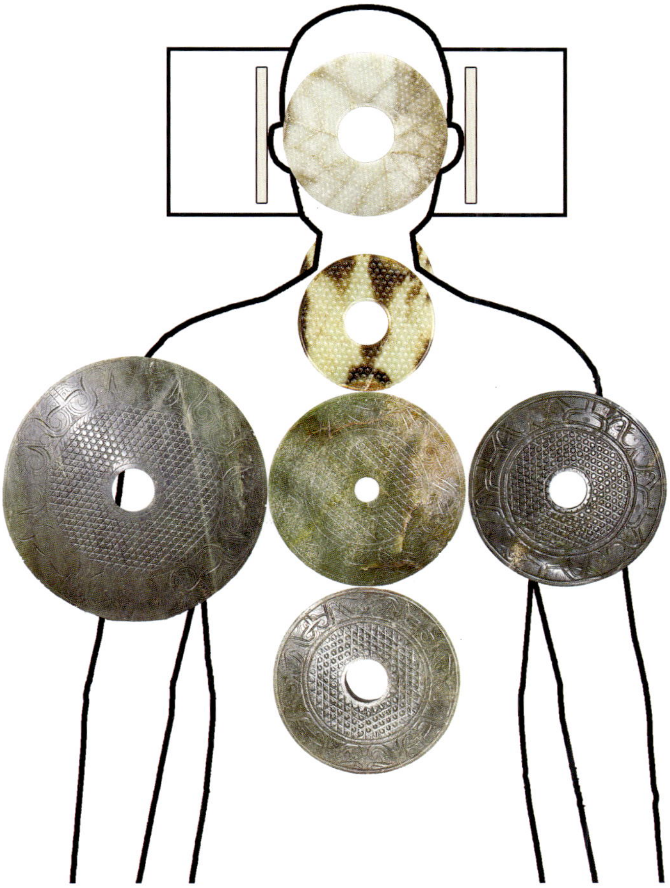

▲图 31 刘贺墓殓尸玉璧分布示意图

4. 玉温明

夹纻胎，髹黑漆，正方形，边长约56厘米。出土时已被压坏，仅存顶面和部分侧板。根据出土西汉漆温明，结合刘贺墓内棺遗物，推测该温明为方形平顶式，顶板外（图版008）、后侧板外（图版010）、左右端板外（图版014）各镶1块Ab型谷纹白玉璧。所用玉璧，均为上等白玉，质地莹润，琢制精工，是在西汉王侯陵墓中首次发现的玉温明，也是目前所见装饰最为高级的玉温明。山东省青岛市黄岛区土山屯刘赐墓出土琉璃席、镶琉璃漆枕、镶琉璃漆温明各1件，伴出刘君衣物名木方："玉席一。玉枕一。玉温明。"表明过去讨论的漆面罩，就是《汉书》记载的"温明"[1]。考古

[1] 青岛市文物保护考古研究所、黄岛区博物馆：《山东青岛土山屯墓群四号封土与墓葬的发掘》，《考古学报》2019年第3期。

▲图 32　刘贺墓玉温明出土场景

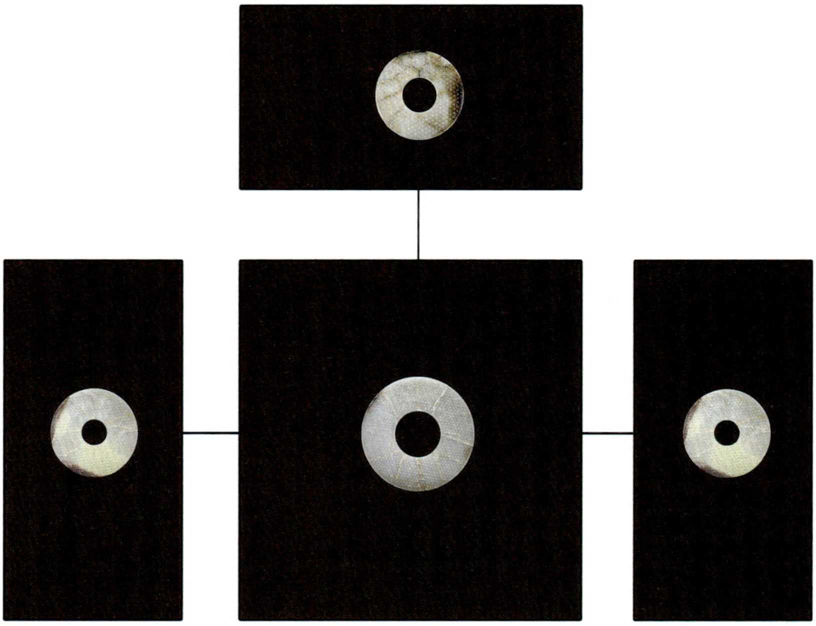

▲图 33　玉温明复原图

出土漆温明，大致有盝顶式盒形、盝顶式出缘形和平顶式出缘形三种[1]，刘贺墓出土玉温明为平顶式，不出缘，与目前已出土同类器不同，丰富了汉代玉温明的类型。

5. 玉枕

夹纻胎，出土时被压成平板状，纻胎部分均已腐烂，仅剩里面夹心木片，分 3 层，上层为 2 块大小相等的方形木片，下面 2 层为大小相等的长方形木片。根据现有遗存的基本形态，推测其呈凹字形，约长 50、宽 18 厘米，与河北省保定市满城区中山靖王刘胜夫妇墓出土的镶玉青铜枕相近，但没有兽首[2]。枕面镶嵌 1 块长方形玉板，两端凸起处各镶嵌 1 块玉片，前侧面镶嵌 3 块透雕玉璧（图版 025），后侧面中间镶嵌 1 块异形玉板，两边各镶嵌 1 块谷纹玉璧（图版 023、024），两端各镶嵌 1 块漆绘梯形玉板（图版 109）。

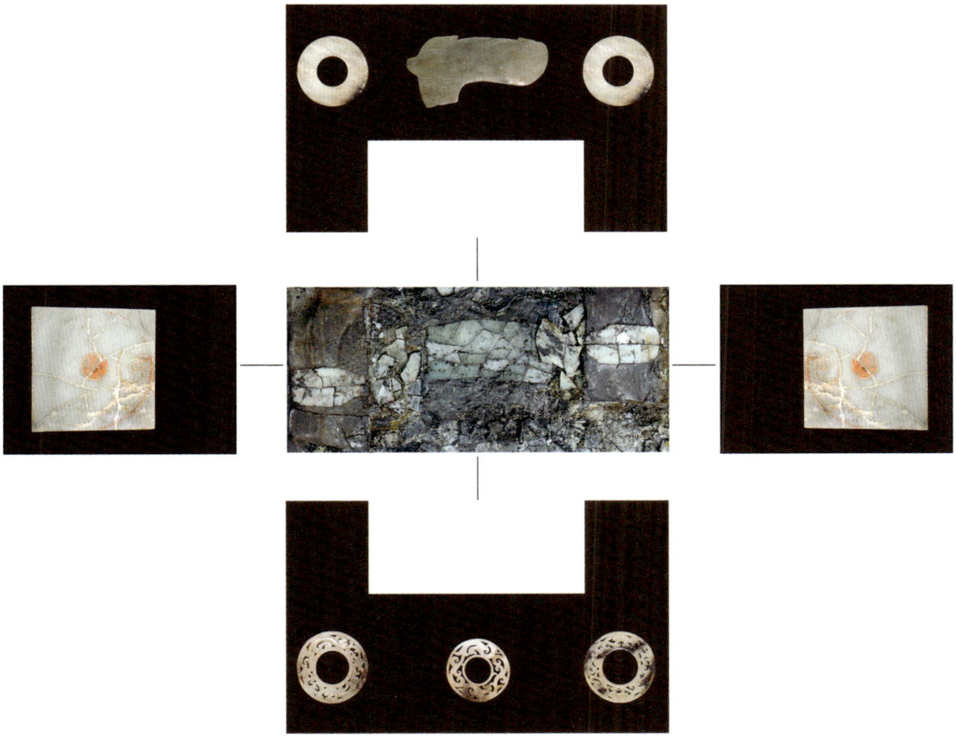

▲图 34　刘贺墓玉枕复原图

[1] 路昊：《汉代温明研究》，《文博》2021 年第 3 期。

[2] 中国社会科学院考古研究所、河北省文物管理处：《满城汉墓发掘报告》，第 78—80 页，262—264 页。

6. 玉握

刘贺墓内棺墓主腰部外侧手掌处各出土 1 件玉带钩，玉质、大小、造型、装饰风格相同（图版 032），可能属于同时制作的一对玉钩。西藏椁出土了 1 件长方形漆盒，盒身、盒盖内有 2 条平行等长的长条形凹槽，系贮存这 2 件带钩的专用漆盒，说明这 2 件带钩原本是生活日常品，入殓时用作玉握。刘充国内棺墓主腰部外侧手掌处各出土 1 件白玉剑璏（图版 086）和褭蹄金。褭蹄金在汉代珍贵无比，是诸侯王才能享有的物品，目前仅在中山怀王刘修陵、刘贺父子墓中出土[1]。以日用品玉带钩、玉剑璏和褭蹄金作手握，在西汉葬玉中系首次发现。

7. 玉印

“刘贺”玉印是墓主生前使用的物品，龟纽无字玉印（图版 003），没有供佩系的穿孔，可能是殉葬用的殓玉。西汉贵族墓出土“无字”玉印较多，根据山东省青岛市黄岛区土山屯出土墨书玉印可知[2]，这种专门为随葬而制作的明器身份印章，原

▲图 35　漆盒

[1] 彭明瀚：《海昏藏美》，文物出版社，2022 年，第 47 页。

[2] 青岛市文物保护考古研究所、黄岛区博物馆：《山东青岛土山屯墓群四号封土与墓葬的发掘》，《考古学报》2019 年第 3 期。

本有字，只是时间久远字迹已脱落。魏镇先生考察82座出土无字印的汉墓后发现，无字印是汉墓中较为特殊的随葬品，它的使用者大都是具有一定社会地位的贵族或官吏，其性质是用以塑造和彰显墓主身份和地位的明器官印。没有刻写印文的原因，一是朝廷对官印的管理严格，使刻写印文存在一定风险。二是印章作为社会权力、信用的标志物，具有符号化的意义，即便没有印文，无字印仍能彰显墓主生前的社会身份。无字印在汉墓中的流行是官僚阶层崛起的重要标志，是社会变革在丧葬礼俗中的直接反映[1]。

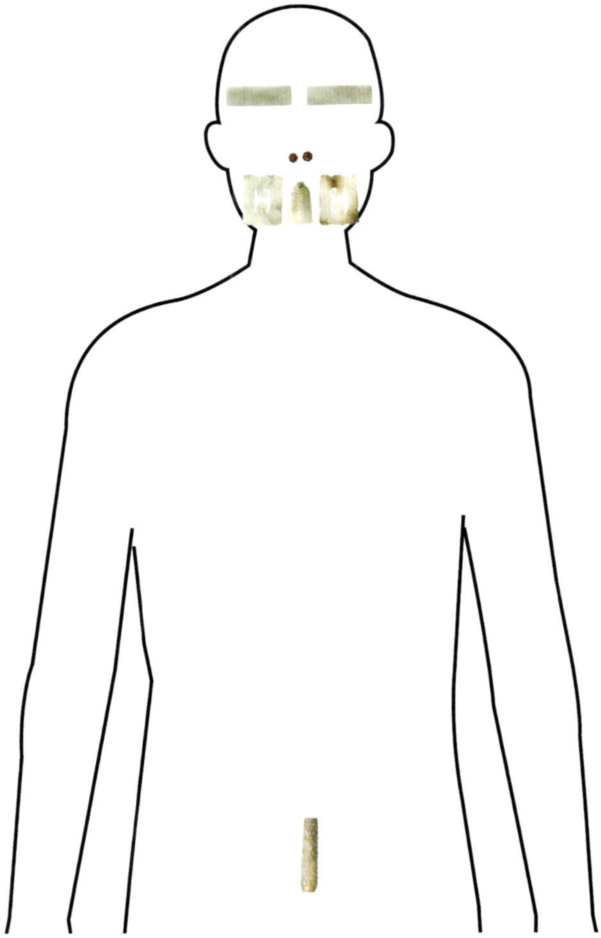

▲图36　刘贺墓玉窍塞

8. 玉窍塞

玉窍塞产生于战国末年，流行于两汉，用以填塞或遮盖死者眼、耳、口、鼻、肛和阴九窍之孔，防止体内精气外逸，让人得以长生。汉武帝时人杨王孙认为，“口含玉石，欲化不得”[2]，《抱朴子·对俗》云：“金玉在九窍，则死人为之不朽。盐卤沾于肌髓，则脯腊为之不烂，况于以宜身益命之物，纳之于己，何怪其令人长生乎？”[3]玉九窍塞包括眼盖、鼻塞和耳塞各2件，口琀、肛门塞、阴茎罩（或阴门塞）各1件，完备的九窍塞成熟于西汉中期，仅见于少数诸侯王墓中，如河北省保定市

[1] 魏镇：《汉墓随葬无字印研究》，《故宫博物院院刊》2023年第5期。

[2]（汉）班固著、（唐）颜师古注：《汉书》卷六十七《杨王孙传》，中华书局，1963年，第2908页。

[3] 王明撰：《抱朴子内篇校释》卷三《对俗》，中华书局，2018年，第51页。

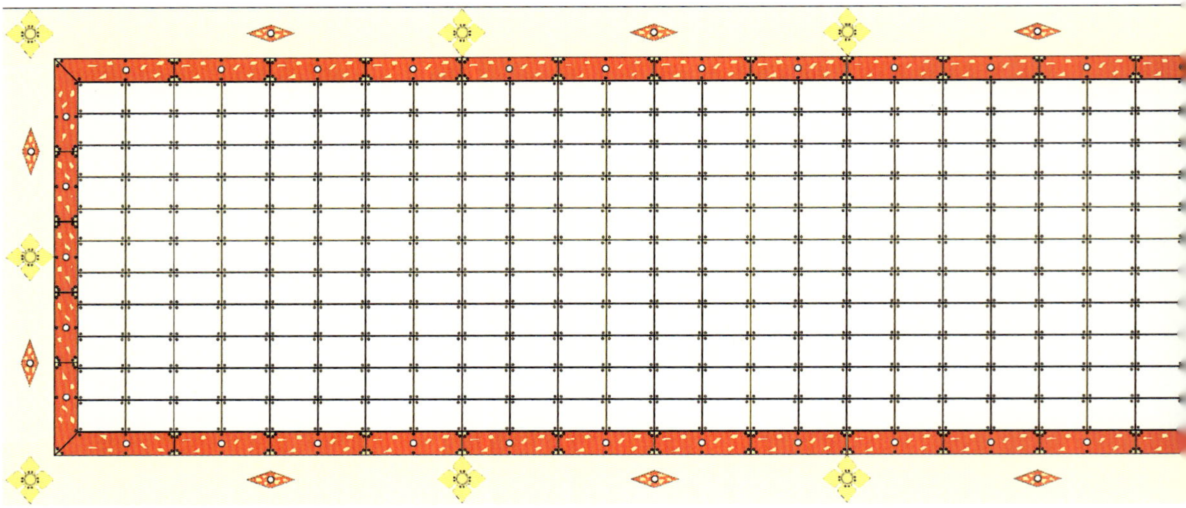

▲图 37　刘充国墓出土琉璃席复原图

▲图 38　刘贺墓出土琉璃席

满城区中山靖王刘胜夫妇墓[1]、山东省长清区双乳山济北王陵[2]；绝大多数汉墓中玉塞只有 1~8 件不等，比如口琀、耳塞、鼻塞之类。刘贺墓玉窍塞包括眼罩、鼻塞、口琀和肛门塞，4 种 8 件。眼罩 2 片，长条形青白玉片。鼻塞为 2 枚六棱柱形红玛瑙珠（图版 048），肛门塞为战国谷纹玉勒（图版 126），二者均对穿圆孔，制作精美。鼻塞、肛门塞通常作圆柱形，一端略小，没有穿孔和花纹，说明刘贺墓鼻塞、肛门塞原本是实用的小饰品，下葬时充作殓玉。口琀为 2 片东周方形鸟纹白玉片和 1 件白玉镈钟形印（图版 004），玉片两侧各有 3 个穿孔，通体阴刻卷云纹，说明这 2 种口琀原本是实用的小饰品，下葬时充作殓玉，与西汉中后期流行以玉蝉作口琀的风俗不同。

9. 琉璃席

刘贺墓、刘充国墓内棺底部各出土 1 床铅钡琉璃席，刘充国墓琉璃席呈长方形，约长 207、宽 63、残厚 0.5 厘米，由上层席面和下层底衬两部分组成。席面主体包括纵向 32 片、横向 11 片共 352 片长方形琉璃片，每片约长 5.9、宽 4、厚 0.4 厘米，四角有穿孔。外面有 2 圈包边，内侧为一圈长条形嵌琉璃泡镂空贴白云母嵌金涂朱片，外侧为 12 枚鎏金柿蒂纹铜饰和 12 块菱形嵌琉璃泡镂空贴白云母嵌金涂朱片[3]。

刘贺墓内棺出土 1 床金缕琉璃席，约长 198、宽 54、厚 3 厘米。由纵向 32 片、横向 12 片共 384 块琉璃片组成，每片约长 6、宽 4、厚 3 厘米，四角穿孔；包边宽 3 厘米，底层为植物纤维底衬，中间层由不规则与无规律的金箔片和红色彩绘互为镶嵌点缀，表面覆盖一层云母片，点缀半球形琉璃珠。刘贺墓内棺实验室考古简报仅报道了琉璃席内圈包边，我们发现，紧挨着内圈包边零星分布有若干鎏金青铜柿蒂饰和琉璃泡饰，由此推知，刘贺墓、刘充国墓内棺出土琉璃席制作工艺相同，大小相近。据山东省青岛市土山屯西汉后期堂邑令刘赐墓，这种仿玉琉璃席在当时被称为玉席[4]。

---

[1] 中国社会科学院考古研究所、河北省文物管理处：《满城汉墓发掘报告》，第 139—140 页，295 页。

[2] 山东大学等：《山东长清县双乳山一号汉墓发掘简报》，《考古》1997 年第 3 期。

[3] 刘勇等：《南昌西汉海昏侯墓园 M5 出土玻璃席制作工艺及相关问题》，《南方文物》2021 年第 6 期。

[4] 青岛市文物保护考古研究所、黄岛区博物馆：《山东青岛土山屯墓群四号封土与墓葬的发掘》，《考古学报》2019 年第 3 期。

三、玉器的装饰工艺与纹样

近年来，甘肃省发现了多处古代玉矿遗址，如马鬃山径保尔草场玉矿、寒窑子草场玉矿、敦煌旱峡玉矿等，大大拓宽了我们认识汉代玉料产地的视野。甘肃省文物考古研究所专业人员在酒泉市肃北蒙古族自治县马鬃山镇公婆泉村径保尔草场发现了多处玉矿坑，遗址区内出土大量玉料与毛坯，大多为透闪石质，主要可见白、黄、青、墨、糖等色，以青白色为主。发掘者认为该玉矿遗址主要开采时段在战国至西汉[1]。刘贺墓园出土玉器，材质以透闪石为主，另有少量绿松石、水晶、石英、岩石、玛瑙、琥珀之类美石和仿玉琉璃，西藏椁漆笥内发现的百余件玉片料外观特征与马鬃山径保尔草场东周至汉代玉矿遗址同类玉料接近，绝大多数玉器，白中泛黄，外观特征也与马鬃山玉矿遗址玉料接近，仅"刘贺"玉印外观特征为和田籽料[2]，该印也是目前所见时代最早的和田籽料作品。

玉材硬度较高，加工时需要特殊的工具和方法，琢玉工具有石英砂(俗称解玉砂)、钻、无齿锯、砣子、刻刀等；工艺技术有切割、钻孔、锯、刻、凿、抛光等。西汉时期，由于炼钢技术的精进，钢砣、钢锯、钢刻刀的广泛使用，工具性能和工作效率随之提高，使得琢玉技术在继承春秋战国的基础上达到了崭新的高度，抛光精细，各种纹饰都可以随心所欲地雕琢出来。刘贺墓园出土玉器，使用了切割、管钻（图版 071）、打磨、抛光、掏膛（图版 117）、拼接（图版 031）、改制（图版 125）工艺以及线刻（图版 116）、浮雕（图版 081）、高浮雕（图版 032）、透雕（图版 039—042）、活环（图版 115）、镶嵌（图版 114）等技法，玛瑙、水晶饰物皆为硬度超过透闪石的材料，打孔很细，孔边缘基本呈直角（图版 069），是铁质、钢质工具在琢玉业应用的直接证据。制玉工艺的进步使得汉代玉器造型更加精美，纹饰更加多样。

刘贺墓园出土玉器纹饰大致可以分为几何纹、动植物纹两大主题，主要有云纹、谷纹、涡纹、蒲纹、兽面纹、螭虎纹、凤鸟纹、龙纹等，均是西汉常见的纹饰。

---

[1] a. 甘肃省文物考古研究所：《甘肃肃北马鬃山玉矿遗址 2011 年发掘简报》，《文物》2012 年第 8 期。
b. 甘肃省文物考古研究所：《甘肃肃北县马鬃山玉矿遗址》，《考古》2015 年第 7 期。
c. 甘肃省文物考古研究所：《甘肃肃北县马鬃山玉矿遗址 2012 年发掘简报》，《考古》2016 年第 1 期。
d. 甘肃省文物考古研究所：《甘肃肃北马鬃山径保尔草场玉矿遗址 2016 年发掘简报》，《文物》2020 年第 4 期。

[2] 于明：《新疆和田玉开采史》，科学出版社，2018 年，第 66 页。

▲图 39　刘贺墓出土玉料

（一）几何纹

几何纹由点、线构成，或相互结合形成主体纹饰，或用作地纹来辅助主纹，丰富图案，主要有云纹、谷纹、涡纹、蒲纹等。

云纹是汉代玉器上的常见纹样，包括卷云纹、云气纹、勾连云纹等。卷云纹指云头两边均向内卷曲（图版 079），又称双头云纹或勾云纹，其中顶端尖突、两侧外鼓、下端内卷、外形似桃者又称桃心纹（图版 118）。云气纹指在卷云纹上加较长的拖尾，表现出云气的飘逸与灵动，由云头、云躯、云尾多部分构成（图版 039）。这三类云纹线条圆弧流畅，大体呈 C 形或 S 形。勾连云纹是在卷云纹的基础，将 2 个云纹连接，根据勾连方式的不同，又可以细分为一端相连的连头云纹（图版 074）、两端均有勾连的双连云纹（图版 032）以及阶梯状勾连的 T 字形云纹（图版 028）等。这种纹饰比较少见，流行于战国晚期到西汉早期的楚式玉器中。云纹样式丰富，随器面装饰需要灵活变形。

谷纹是指形似逗号的图案，有的阴线刻，有的浮雕，个别的在圆点外再施加阴线勾勒出外轮廓。这种纹饰定名较为混乱，主要有谷纹和涡纹两类。谷纹与涡纹整体形状大体相似，装饰位置及布局方式基本相同，是因琢制工艺导致同一类纹饰的不同表现形式，阴线刻者呈螺旋形，被当作是漩涡的拟态，称涡纹（图版 015）；浮雕者，既含凸点，又带出芽，当作是谷芽的拟态，称谷纹（图版 013），战国晚期楚式玉器边角位置的浮雕谷纹，往往谷芽向外翻卷（图版 097）。另有一种简略谷纹，形态是在蒲纹基础上阴刻涡纹（图版 019），实际上是没有完成的谷纹，如果把周边的地子磨掉，就成了标准谷纹。谷纹与勾连纹结合形成勾连谷纹，大多使用凸点式谷纹或凸点加阴刻芽线式谷纹为基本元素，谷纹间以阴线相互勾连成组，勾连方式大体可分为双连谷纹（图版 124）、三连谷纹两类，勾连方式随器面装饰需要灵活变形。三连谷纹（图版 014）每三个谷纹为一组，用单条阴线环绕谷纹外侧边缘相勾连成 V 字形，每组谷纹单独存在，组与组之间相向而对。

蒲纹是 60 度交角的三向平行直线相交处分割减地形成的正六边形（图版 020），构图规整，似蜂房，主要用于装饰玉璧、玉剑具。

网格纹似鱼网状（图版 019），加填于主纹空隙处，样式繁多，主要有三角形、方形、长方形、椭圆形、菱形、花瓣形和树叶形等，随构图需要灵活变化，流行于春秋晚期至西汉前期。刘充国墓出土的玉龟，腹部以网格纹作主纹的构图方式，比较少见。

（二）动植物纹

动植物纹种类丰富，既有写实性的柿蒂纹和螭虎、熊（图版 111）、狼（图版 111）、猪（图版 111）、龟（图版 032）等纹样，也有带神话色彩的兽面、龙（图版 112）、凤（图版 038）、螭虎之类神禽瑞兽纹。

柿蒂纹由对称、放射状伸展的四瓣花构成，酷似柿蒂而得名，是西汉装饰艺术中最具代表性的纹样之一，常装饰在玉剑首顶面作主纹（图版 072）。

兽面纹是指用各式几何纹组成的兽面形象（图版 077），兼具写实性与图案化，多数仅见兽首而无兽身，大多采用阴刻或浅浮雕的手法制作而成。Ac 型、Cb 型玉璧（图版 027）所饰一首双身展体兽面纹，很有特色，多用于殓尸或棺前头挡，源自楚式玉器[1]。

螭虎纹是汉代玉器上的常见的纹样，四肢遒劲，首如虎，大眼方口，尖耳或圆耳，个别有独角，身作爬行状，四肢伸展，绞丝尾，有的尾部末端分两叉。螭虎纹构图大体分为三种类型：其一，单螭作 S 形（图版 082）；其二，一大一小两只螭虎组合，称子母螭（图版 086），幼螭尖嘴，呈 S 形或 C 形，多位于剑璏短檐一端，母

[1] 邓淑苹：《楚式礼玉 -- 远古“物精崇拜”与“天体崇拜”的融合创新》，《湖南省博物馆馆刊》第十四辑，岳麓书社，2018 年。

子对视，母螭方口；其三，子母螭与一幼螭组合（图版 088），或子母螭与熊组合（图版 089），螭虎母子对视，熊尾随母螭，比较少见。

四、玉器的价值

刘贺墓园出土玉器，不仅数量众多，器种丰富，而且琢制精工，品质精良，寓意吉祥，在西汉王侯墓中少见，富有鲜明的时代特色，其科学性、丰富性、完整性是同时期墓葬无法比拟的，是西汉玉器考古的惊世大发现与典型代表，具有较高的历史研究价值和科学艺术价值。

第一，刘贺父子墓埋葬年代准确，墓主身份明确，出土玉器为同类玉器的断代提供了标尺。据《汉书·武五子传》记载，刘贺父子位列西汉高级贵族，刘贺经历天子、诸侯王、故王、列侯四重身份，人生大起大落，去世前的爵位是海昏侯国始封侯；刘充国是海昏侯国嗣子。刘贺父子均病逝于西汉宣帝神爵三年（公元前 59 年），他们墓中出土的玉器，选料精良，白玉洁白细腻，青玉色泽温润；硬度高，透明度好；造型优美，构图新颖，纹饰华美，雕琢精工，实现了形与神的统一，注入了汉代工匠巧妙的艺术灵感和雕琢技巧，时代特征鲜明，可以作为西汉玉器断代的标准器和标准器群。比如，玉剑首、剑格、剑璏、剑珌近百件，占全部出土玉器的四分之一，材质有玉、玛瑙、琉璃，品种齐备，是西汉王侯陵墓中出土玉剑具数量最多、品质最好、器型最多的一批，时间涵盖了春秋至秦汉时期，这批横跨四五百年的玉剑具，反映出春秋战国、秦汉两个时代玉剑饰各自鲜明的特色，让我们得以从一座墓葬窥见东周至西汉各式玉剑具的装饰风格和器型演变规律。

第二，刘贺墓是一座依汉制安葬的列侯墓，墓葬保存较好，墓室未被盗扰，随葬品之间的组合关系清楚，是西汉用玉制度、审美意识、社会时尚的反映，为我们研究西汉玉文化提供了新视角。刘贺墓用实用的玉珠（图版 048）、玉印（图版 004）、玉带钩（图版 031）、玉勒（图版 126）作为殓尸玉器，这一现象在西汉王侯陵墓中较为少见；随葬成套玉温明（图 33）、玉枕（图 34），系首次发现，且是玉质最好、制作最精者，深化了我们对西汉漆枕、漆温明的认识；出土玉具剑 23 柄，是西汉王侯陵墓中出土玉具剑最多的一次，4 件玉剑具齐全者仅 1 柄（图版 57），多数为玉剑格、剑璏组合，刘贺腰间佩剑（图版 66）、内棺盖上的剑（图版 64）均为玉剑格、剑璏组合，但材质、工艺在全部出土玉剑具中属于最好的，我们认为西汉时期玉具剑的等级，并不是以四种玉剑具齐备为贵，而是以玉质、工艺为尊。

第三，刘贺墓园出土玉器，丰富了玉器使用等级制度的资料。虽然文献上没有记载汉代玉器使用的等级制度，但考古发现表明，白玉和质佳的青白玉主要出自王侯墓内，少量出自刘氏宗室墓或高等级贵族墓内，说明当时上等玉材资源都被皇室和刘氏宗室所垄断。由于西汉帝陵均未进行大规模发掘，目前能见到的级别最高的汉代玉器都出土于王侯墓，刘贺墓出土玉器，无论是数量，还是品种、质量均居汉墓之首，西藏椁中部一件漆笥内存放近百片切割精工、双面打磨精细的上等白玉、青白玉料，更是西汉墓葬首次集中发现，折射出西汉王侯贵玉、宝玉的崇玉心态。此前学术界大多数人认为最早的和田玉作品为西汉元帝渭陵陵庙遗址出土的白玉俑头、熊、鹰等 6 件圆雕玉器，因此宣帝时期下葬的海昏侯墓出土的“刘贺”玉印（图版 001）、虫珀（图版 051）、琥珀虎（图版 052）分别是目前已知时代最早的和田籽料和波罗的海琥珀作品，实证了西汉刘氏宗室独占上等玉材和远方殊物的历史。

汉代是目前发现玉器最多的时代，汉代玉器艺术是中国玉器史上最为辉煌的时代，有着前所未有的想象力和创造力，很多器形与纹饰被后世模仿，如螭虎纹、龙纹、熊纹等，不仅有着结实的肌肉、矫健的身躯，而且其身体的扭曲、游动感是后世玉雕所无法比拟的，张力十足，充满无限生机与活力，使得汉代成为古代中国玉器继新石器时代、商周、春秋战国之后第四个高峰，海昏侯刘贺墓园出土玉器是其典型代表，形象再现了西汉时期王侯的奢华生活。刘贺墓园考古成果惊艳世界，揭开了 2000 年前汉代海昏县、海昏侯国的神秘面纱，是秦汉考古的重大发现，名列 2015 年度全国十大考古新发现，入选中国百年百大考古发现。

001 西汉“刘贺”螭纽玉印

Western Han Dynasty "Liu He" Jade Seal

通高 1.5、印面边长 2.1 厘米，出土于刘贺墓内棺。和田白玉籽料，印纽有少量褐色皮。印纽为高浮雕幼螭，螭首三角形，曲耳，弯眉鼓眼，尖嘴，分支丝束长鬣毛，躯体呈 C 形，身饰鳞状纹，尾卷曲；左腿拱起外蹬，右腿紧贴躯体，二爪，螭腹下方钻成扁圆形穿孔。盝顶方形印台，光素无纹。印面无边栏，阴刻缪篆“刘贺”二字，左右等分，笔画粗细均匀，深浅一致。此印坚硬莹润，玉质纯净无瑕，螭龙造型利用玉料原有的褐色玉皮巧雕为螭首和螭腹局部，设计精巧生动，字体端庄大气，雕琢技法精湛，十分罕见，属汉代玉印之精品，透出西汉鼎盛时期的雍容气度，也是揭示墓主身份最直接的证据。

002 西汉“大刘记印”龟纽玉印

Western Han Dynasty "Da Liu Ji Yin" Jade Seal

通高 1.6、印面边长 1.8 厘米，出土于刘贺墓主椁室。白玉，有少量浅褐色沁。圆雕龟形印纽，龟首上昂，圆眼，呈趴伏状。以阴刻线刻画龟背边缘。龟背拱起，以粗线条琢刻回形龟背纹，龟背纹内阴刻一圆形斑点，龟腹下方为多次钻孔形成的扁椭圆形穿孔。龟四足弯曲撑地。印面无边栏，阴刻篆书“大刘记印”四字。此印抛光精细，光泽温润，质地细腻。

003 西汉龟纽玉印

Western Han Dynasty Jade Seal

通高1.6、印面边长1.7厘米，出土于刘贺墓主椁室。白玉，有浅褐色沁。圆雕龟形印纽，龟首短平，圆形眼，颈部微缩不伸出，龟身呈俯状，用粗线条琢刻龟背边缘。龟背较平，用粗线条琢刻回字形龟背纹。印纽与印身连成一体，两侧各镂空一凹槽。用阴刻线象征性地雕出龟足。印面无字。

004 西汉“容欢”钟形玉印

Western Han Dynasty "Rong Huan" Jade Seal

通高 3.0、印面长径 2.0、短径 0.5 厘米，出土于刘贺墓内棺。白玉，局部有褐色沁。呈镈钟形，半圆环形纽内钻一圆形穿孔，钟身阴刻卷云纹，印面呈椭圆形，阴刻篆书“容欢”二字。此印出土于刘贺墓内棺头部位置，应是口琀。用吉语印作玉琀，较为罕见。

005 西汉玉圭
Western Han Dynasty Jade Gui

长 16.1、宽 7.0 厘米，出土于刘贺墓内棺。青玉。玉圭通体抛光，器形扁平，尖首长方形，圭体近底部管钻圆形穿孔。玉圭是我国古代传统礼玉之一，被广泛用作“朝觐礼见”，是表明等级身份的瑞玉和祭祀的祭器。

006 西汉玉圭

Western Han Dynasty Jade Gui

长 14.5、宽 4.2 厘米，出土于刘充国墓。青玉。玉圭器形扁平，尖首长方形，主体近底部管钻圆形穿孔。

007 西汉玉璧

Western Han Dynasty Jade Ring

白玉，直径6.0、孔径1.3、厚0.3厘米；青玉，直径5.8、孔径1.5、厚0.1厘米，出土于刘充国墓。玉璧表面钙化，局部有沁，平面环形，厚薄不均，光素无纹。

008 西汉谷纹玉璧

Western Han Dynasty Jade Ring

直径 17.0、孔径 6.8、厚 0.6 厘米，出土于刘贺墓内棺。白玉。玉璧玉质温润细腻，光泽柔和，边缘有黄褐色沁，平面环形，厚度均匀。正反两面纹饰相同，璧身内外缘各有一圈阴刻细线弦纹，中部浅浮雕规整、饱满的谷纹，细密精致，谷纹尾巴左右旋转，规范中不乏灵动，简洁中不失精巧。玉璧是古代贵族朝聘、祭祀、丧葬时所用的礼器，也作装饰。

009 西汉谷纹玉璧

Western Han Dynasty Jade Ring

直径 13.3、孔径 4.9、厚 0.5 厘米，出土于刘贺墓内棺。白玉。玉璧洁白莹润，边缘有黑褐色沁。

010 西汉谷纹玉璧

Western Han Dynasty Jade Ring

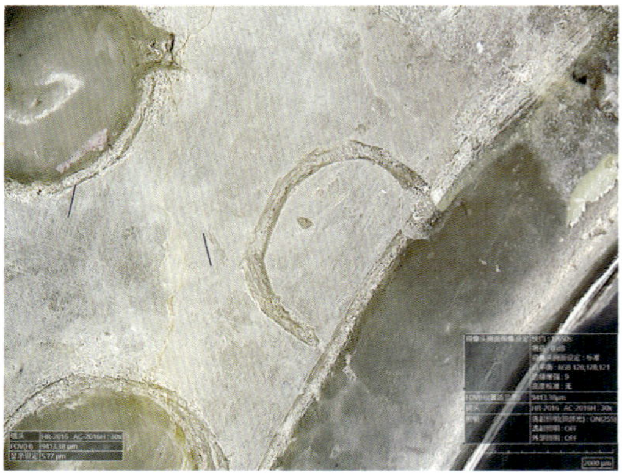

直径 14.5、孔径 5.5、厚 0.5 厘米，出土于刘贺墓内棺。白玉，局部有黄褐色沁。

011 西汉谷纹玉璧

Western Han Dynasty Jade Ring

直径 16.2、孔径 4.4、厚 0.4 厘米，出土于刘贺墓内棺。白玉，局部有黄褐色沁色。

012 西汉谷纹玉璧

Western Han Dynasty Jade Ring

直径 14.3、孔径 4.5、厚 0.5 厘米，出土于刘贺墓内棺。白玉，局部有深棕色和黑色沁。

013 西汉谷纹玉璧
Western Han Dynasty Jade Ring

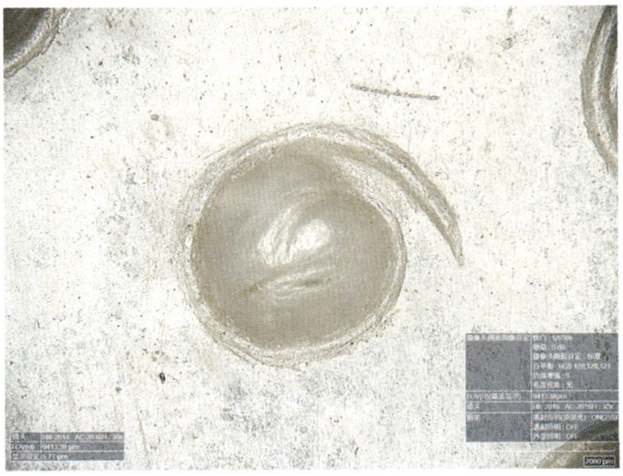

直径 17.0、孔径 5.7、厚 0.5 厘米，出土于刘贺墓内棺。白玉，局部有黄褐色沁。

014 西汉勾连谷纹玉璧

Western Han Dynasty Jade Ring

直径 14.1、孔径 3.2、厚 0.3 厘米，出土于刘贺墓内棺。白玉，局部边缘有褐色沁。器身两面纹饰相同，内外缘各阴刻一圈弦纹，两道弦纹中间压地浅浮雕有勾连谷纹，三个谷纹以阴刻线相连，组成一个勾连谷纹，两个勾连谷纹相对组成一对，呈菱形，规整有序。

015 西汉涡纹玉璧
Western Han Dynasty Jade Ring

直径18.0、孔径5.7、厚0.6厘米，出土于刘贺墓主椁室。青玉，一面残留铁锈朱砂痕，平面环形，厚度均匀。两面纹饰相同，器身内外边缘各饰一周阴刻弦纹，其间磨刻和砣刻结合雕琢规整有序的涡纹。整体形制规整，线条流畅。

016 西汉涡纹玉璧

Western Han Dynasty Jade Ring

直径 15.0、孔径 5.5、厚 0.4 厘米，出土于刘充国墓。青玉，外缘有少许黄色沁。

017 西汉蒲纹玉璧

Western Han Dynasty Jade Ring

直径 16.9、孔径 4.5、厚 0.5 厘米，出土于刘贺墓主椁室。青玉，局部有浅黄色沁。

018 西汉兽面纹玉璧

Western Han Dynasty Jade Ring

直径 21.2、孔径 2.6、厚 0.5 厘米，出土于刘贺墓内棺。青白玉，局部有黄色沁，平面环形，厚度均匀。两面纹饰相同，器身内、外边缘分别以阴线浅刻一圈弦纹，中部以一圈绹索纹将璧分为内外两区，外区主体饰 3 组一首双身兽面纹，珠状目，龙体作缠绕状，主要以细阴线刻脸部和身体，表面有少量宽砣痕，可增加纹饰的层次感。内区以斜线浅浮雕规整蒲纹装饰。

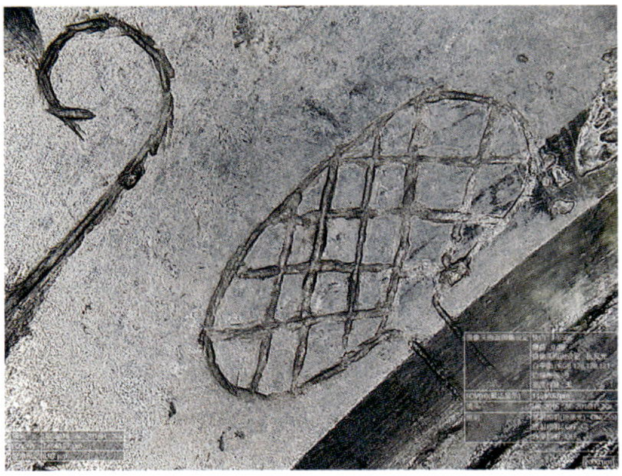

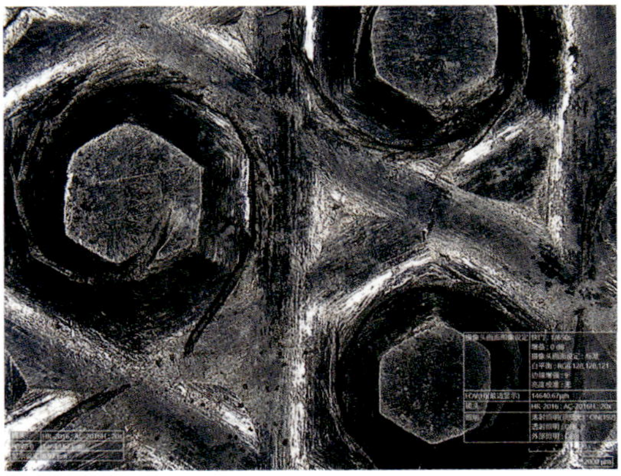

019 西汉兽面纹玉璧

Western Han Dynasty Jade Ring

直径 21.8、孔径 4.0、厚 1.1 厘米，出土于刘贺墓内棺。青玉，局部少量土黄色沁，外区饰 4 组一首双身兽面纹，内区浅浮雕规整蒲纹装饰。

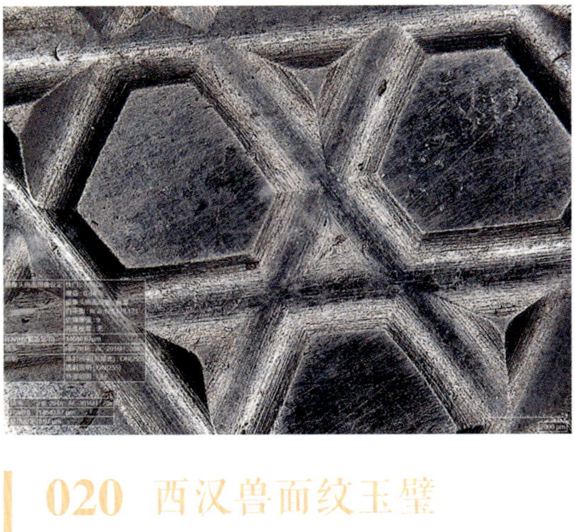

020 西汉兽面纹玉璧

Western Han Dynasty Jade Ring

直径 28.3、孔径 4.5、厚 0.7 厘米，出土于刘贺墓内棺。青玉。外区饰 4 组一首双身兽面纹，内区饰蒲纹，排列有序。

021 西汉兽面纹玉璧

Western Han Dynasty Jade Ring

直径 29.4、孔径 4.1、厚 0.5 厘米，出土于刘贺墓主椁室。青玉。外区饰兽面纹，内区浅浮雕蒲纹装饰，细致规整。系海昏侯刘贺墓中出土玉璧中最大的一件。

022 西汉凤鸟纹玉璧

Western Han Dynasty Jade Ring

直径 19.8、孔径 4.5、厚 0.7 厘米，出土于刘充国墓。青玉。有少量灰白色沁。外区饰 4 组凤鸟纹，凤首作回首状，长冠，长尾卷曲向上。内区满饰涡纹。

023 西汉谷纹玉璧

Western Han Dynasty Jade Ring

直径 9.3、孔径 3.8、厚 0.5 厘米，出土于刘贺墓内棺，白玉，局部有土黄色沁。

024 西汉蒲纹玉璧

Western Han Dynasty Jade Ring

直径 9.7、孔径 4.4、厚 0.4 厘米，出土于刘贺墓内棺。白玉，局部有黑色和黄色沁。

025 西汉镂空螭虎纹玉璧

Western Han Dynasty Jade Ring

直径 9.5、孔径 4.7、厚 0.4 厘米，出土于刘贺墓内棺。白玉，局部有少量褐色沁，平面环形，厚度均匀。器身内外缘碾刻粗线条的弦纹，其间双面透雕 2 只螭虎，首尾相接。

026 西汉玉环

Western Han Dynasty Jade Ring

直径 7.1、孔径 4.6、厚 0.3 厘米，出土于刘充国墓。白玉，边缘有黄色沁，平面环形，厚薄均匀，光素无纹。

027 西汉兽面纹玉环

Western Han Dynasty Jade Ring

直径 9.5、孔径 5.6、厚 0.6 厘米，出土于刘贺墓主椁室。青玉。平面环形，厚度均匀。两面纹饰相同，器身内、外缘各阴刻一圈弦纹，其间浅浮雕 3 组面纹。

028 西汉勾连云纹玉环

Western Han Dynasty Jade Ring

直径 10.6、孔径 6.7、厚 0.4 厘米，出土于刘贺墓主椁室。糖玉，有棕黄色沁，器身内外缘各阴刻一圈弦纹，其间阴刻勾连云纹，云纹均匀细密，在环面上分两层排列。

029 西汉绞丝纹玉环
Western Han Dynasty Jade Ring

直径 5.5、孔径 3.8 厘米，出土于刘充国墓。青白玉，局部钙化，平面环形。正反两面均琢制成互不相交的线形螺旋纹，纹线阴阳相间，形如扭曲的束丝。雕琢工艺精细，线条流畅。绞丝纹玉环兴起于春秋晚期，流行于战国。

030 西汉绞丝纹玉环

Western Han Dynasty Jade Ring

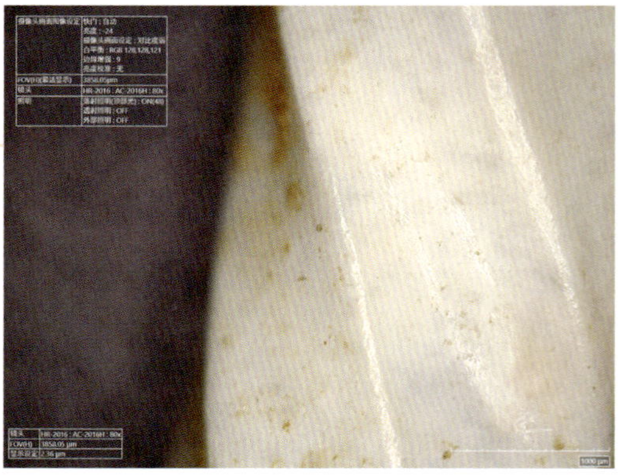

直径 5.0、孔径 4.2、厚 0.5 厘米，出土于刘充国墓。青白玉，表面钙化。

031 西汉多节龙首玉带钩

Western Han Dynasty Jade Belt Hook

长 9.93、宽 1.6、厚 2.5 厘米，出土于刘贺墓内棺。白玉，有棕褐色沁。琵琶形，钩体为早期玉器，整器以铁芯拼接而成。钩首呈龙首形，眼如水滴、吻部平而宽。钩首通过一段白玉髓连接钩体。钩体分龙身和龙首两段，龙身为钩身、弯曲方形状、浅浮雕卷云纹，龙首为钩尾、其耳如叶、眼凸且圆、吻部张开。钩纽为椭圆形，刻“十二”2 字。

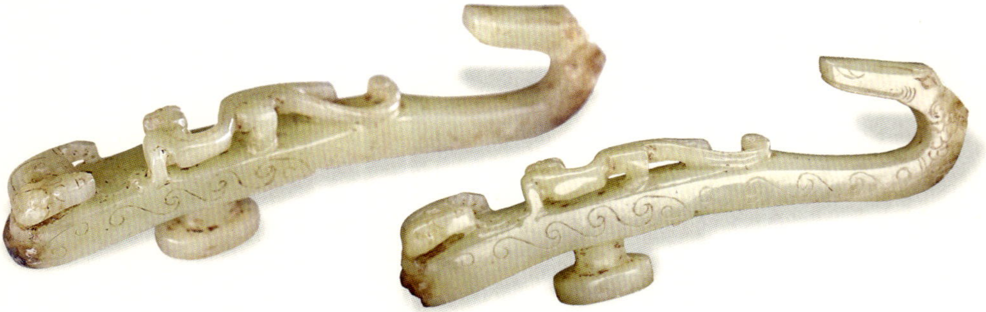

032 西汉螭纹龙首玉带钩

Western Han Dynasty Jade Belt Hook

长 13.1、宽 1.5、通高 3.2 厘米，出土于刘贺墓内棺。白玉。玉带钩共 2 件。玉质洁白莹润，局部有褐色沁，钩首龙形，鸭嘴形上下颌，颈部饰鳞纹；方体钩身，前宽后细，钩身修长，高浮雕大小两螭，两螭相对，大螭呈 S 形，小螭呈 C 形；螭体以阴刻弧线勾勒细节，侧面阴刻勾连纹；钩纽呈椭圆形，纽面阴刻龟纹。

033 西汉龙首玉带钩

Western Han Dynasty Jade Belt Hook

长 9.6、宽 1.2、通高 1.8 厘米，出土于刘贺墓主椁室。糖玉，器表散布褐色、灰黑色沁，不透明。钩首龙形，龙吻短平，额凸起，额部中央用粗线条琢刻额饰，上端出尖。钩身呈琵琶形，钩体中部有一长条凹槽，上窄下宽。钩纽呈椭圆形。

034 西汉螭纹龙首玉带钩

Western Han Dynasty Jade Belt Hook

长 8.8、宽 2.4、通高 1.6 厘米，出土于刘充国墓。青玉，表面钙化。钩首龙形，龙吻短平，鼻平直，眼深凹，额凸起。颈部两侧各有一凸棱。带钩正面高浮雕一螭，螭身呈 S 形，两侧素面无纹。背面近尾部有一椭圆形纽。

035 西汉龙首玛瑙带钩

Western Han Dynasty Agate Belt Hook

长 7.5、宽 1.9、通高 1.3 厘米，出土于刘充国墓。玛瑙。带钩色泽纯正鲜艳，质地光莹透亮。钩首龙形，钩身呈琵琶形，背面近尾部琢一椭圆形纽。

036 西汉云纹兽首玉带钩

Western Han Dynasty Jade Belt Hook

长 3.5、宽 1.1、通高 2.0 厘米，出土于刘贺墓内棺。白玉，局部有褐色沁。琵琶形，钩首似兽首，器身通体用阴刻线勾勒云气纹，层次鲜明，并用粗线条琢刻卷云纹，钩身凹凸不平，线条灵动。钩身背面有一椭圆形纽，纽面阴刻云气纹。

037 西汉玉觿

Western Han Dynasty Jade Xi

长 4.8、宽 1.3、厚 0.4 厘米，出土于刘贺墓内棺。白玉，局部有浅黄色沁。器身呈扁平 S 形，分上下两部分，下端尖，上端有一穿孔。素面无纹。玉觿多与其它玉器成组搭配，成为装饰用玉。

038 西汉凤首玉觿

Western Han Dynasty Jade Xi

长 10.5、宽 4.5、厚 0.8 厘米，出土于刘充国墓。白玉，表面钙化。器身呈弧形，上端雕成凤首形，首微颔，冠飘拂，勾喙，曲颈，凤冠下管钻一圆形穿孔，凤身饰浅浮雕卷云纹。

039 西汉龙螭纹韘形玉佩

Western Han Dynasty Jade Pendant

通高 11.1、宽 8.3、孔长径 3.4 厘米，出土于刘贺内棺。白玉。玉佩质地纯净，白皙莹润。片状，韘体呈心形，中孔椭圆形；正面上半部沿圆弧起一条凸棱，中间再起一棱并于顶部出尖，两肩内凹，饰云气纹；下半部阴刻云气纹。背面上半部阴刻云气纹和网格纹，下半部阴刻云气纹。边缘出廓，左侧镂空雕龙纹，水滴眼，张口獠牙，口含龙珠，鬣毛后飘；分叉长卷尾，二爪锐利，龙身饰勾云纹。右侧镂空雕螭虎纹，梯形头，线刻细眉，眼眶呈方角形，用斜削技法突出眼珠，鼻梁平宽，两耳竖起，头顶有长角，毛发排列有序，螭身阴刻细长中脊线并饰平行双弧线，螭腿粗壮。

040 西汉龙凤虎纹韘形玉佩

Western Han Dynasty Jade Pendant

通高 8.6、宽 7.9、孔径 3.5 厘米，出土于刘贺墓主椁室。青白玉，有褐色沁。扁平体，近圆形，中间韘体近椭圆形，两侧镂空龙、凤、螭虎纹。器身中间再起一棱并于顶部出尖，两削斜肩，阴刻卷云纹，边缘出廓。左侧透雕龙纹，圆眼，叶状角，上下颌外卷，张口含珠。右侧上部透雕凤纹，水滴眼，钩喙，冠上翘，C 形身，卷尾；右侧下部透雕螭虎纹，圆眼，弯眉，直鼻，曲状耳，S 形身，身躯矫健，四肢刚劲有力。

041 西汉龙凤螭纹韘形玉佩

Western Han Dynasty Jade Pendant

通高 9.82、宽 7.0、孔径 3.3 厘米，出土于刘贺墓主椁室。白玉，少量灰褐色沁。片状，韘体近椭圆形，中孔圆且大。两侧镂雕龙纹和螭虎纹，顶部饰凤纹。韘体圆孔上部孔沿外侧饰凸棱，凸棱中部起脊连贯尖顶，内饰云气纹；下半部微凹，饰云气纹。顶部凤鸟作回首状，水滴眼，圆眼珠，张口钩喙，长冠和长尾均分叉回卷。左侧龙纹水滴眼，叶状角，上下颌外卷，昂首张口露獠牙，咬住凤尾。右侧螭虎纹倒立，圆眼，翘眉，宽鼻，圆耳。龙纹和螭虎纹身体均修长为 S 形，腿部肌肉发达，卷尾。

042 西汉龙凤纹韘形玉佩

Western Han Dynasty Jade Pendant

通高 11.0、宽 6.5、厚 0.5 厘米，出土于刘充国墓。白玉，已钙化。呈片状，体瘦长，中孔圆且小。圆孔上方高浮雕龙首纹，用粗线条碾刻矩形眼，卷云鼻，眼眶上方两角向上弯曲，两条长须长而卷，圆孔下方阴刻龙身与卷尾。边缘出廓，左侧镂空雕龙纹，右侧镂空雕变形凤纹，以阴刻细线勾勒细节，均有一个似觿的尖锐状突出。

043 西汉玉管

Western Han Dynasty Jade Ornament

长 7.6、直径 0.4 厘米，出土于刘贺墓西藏椁。糖玉，局部有黑色沁。呈圆管形，中间管钻一穿孔。

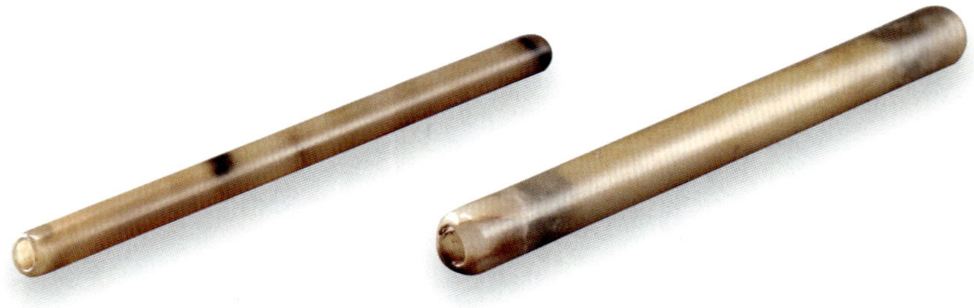

044 西汉玉管

Western Han Dynasty Jade Ornament

玉管 1，长 12.4、直径 0.7 厘米；玉管 2，长 12.9、直径 1.0 厘米，出土于刘贺墓内棺。青白玉，局部有黑色沁。呈圆管形，中间管钻一穿孔。

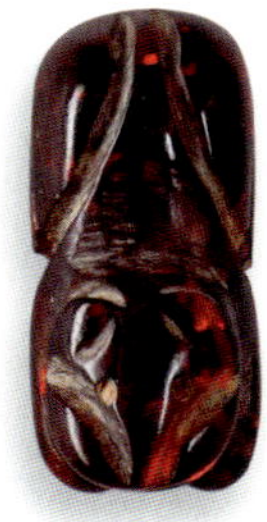

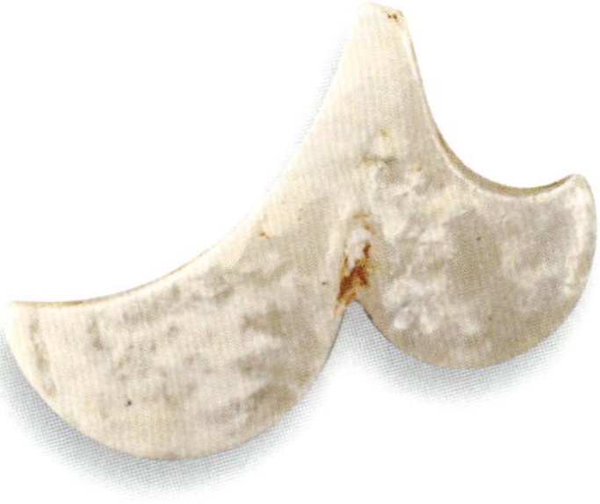

045 西汉玉串饰

Western Han Dynasty Jade Ornament Set

虎形琥珀饰，长 1.6、宽 0.7、高 0.9 厘米；戟形玉饰，通高 2.0、宽 1.6 厘米；钫形玉饰，通高 1.2，宽 0.7 厘米；壶形玉饰，通高 1.0、宽 0.7 厘米。出土于刘充国墓。虎形琥珀饰，红色。其他 3 件玉饰已钙化，分别呈戟头状、钫状和壶状，素面无纹，底部或颈部有一穿孔。4 件器物出土于刘充国内棺同一位置，应是一组佩饰。

046 西汉三色缟玛瑙珠

Western Han Dynasty Agate Bead

长 3.9、宽 1.5 厘米，出土于刘贺墓内棺。玛瑙。呈长条管状，圈带纹。中间有一贯穿孔，应是与其他珠子串成一串珠饰。

047 西汉玛瑙贝

Western Han Dynasty Agate Ornament

通高 2.0、宽 1.3 厘米，出土于刘贺墓西藏椁。玛瑙。呈贝形，背面平坦，正面隆起，中部切磨一条窄长的直凹槽，槽两侧阴刻短齿纹，两端各有一穿孔，是连缀在腰带上的装饰物，一起组合成贝带。

048 西汉六棱柱形玛瑙珠
Western Han Dynasty Agate Bead

直径 1.0 厘米，出土于刘贺墓内棺。玛瑙，呈六棱柱形，两端对穿一圆孔，为串珠的一部分，与其他珠饰串成一串，起装饰作用。

049 西汉玛瑙珠
Western Han Dynasty Agate Bead

长 2.0、通宽 0.9 厘米，出土于刘充国墓。玛瑙。双锥形，两端对穿一圆孔，为串珠的一部分，与其他珠饰串成一串，起装饰作用。

050 西汉玛瑙珠

Western Han Dynasty Agate Bead

直径 5.0、孔径 1.3 厘米，出土于刘充国墓。玛瑙，呈圆形，中间管钻一较大圆孔。此玛瑙珠器型较大，较为罕见。

051 西汉虫珀佩饰

Western Han Dynasty Amber Pendant with Insects

长 2.1、宽 1.9、厚 0.8 厘米，出土于刘贺墓主椁室。琥珀。佩饰呈浅黄色，透明清澈，椭圆形，中间对穿一孔。器内有小虫，位于珀体边缘，翅膀、足等部位清晰可辨。该虫珀属西汉考古史上的首次发现。

052 西汉圆雕琥珀虎
Western Han Dynasty Amber Tiger

长 2.1、宽 1.3、高 1.3 厘米，出土于刘贺墓内棺。琥珀，呈浅黄色，外观特征接近波罗的海琥珀。虎作俯卧状，抬头平视前方，腹部对穿一孔。工艺简洁，有“汉八刀”之风，即用简练的阴刻线条勾勒出虎的口、眼、眉、鼻、耳与身躯，体形肥硕，臀部饱满。

053 西汉圆雕琥珀虎
Western Han Dynasty Amber Tiger

长 1.6、宽 1.1、高 1.4 厘米，出土于刘充国墓。琥珀，呈红色。虎作俯卧状，抬头平视前方，腹部对穿一孔。

054 西汉水晶珠
Western Han Dynasty Crystal Bead

长 2.8、宽 1.9 厘米，出土于刘贺墓内棺。水晶，呈长筒形，中间有穿孔。

055 西汉六棱柱形水晶珠
Western Han Dynasty Crystal Bead

长 2.5、宽 1.4 厘米，出土于刘充国墓。水晶玲珑剔透，呈六棱柱形，中间有穿孔。

056 西汉玉具剑

Western Han Dynasty Jade Sword Fitting

一套3件，包括谷纹青玉剑首、兽面纹白玉剑格和勾连云纹白玉剑璏，出土于刘贺墓主椁室。

玉剑首

直径4.2、厚1.8厘米。

玉剑格

宽6.0、高3.7、厚2.2厘米。

玉剑璏

璏面长8.2、宽2.9、高1.7厘米。

057 西汉玉具剑

Western Han Dynasty Jade Sword Fitting

一套 4 件，包括谷纹青玉剑首、兽面纹青玉剑格、谷纹青玉剑璏和白玉剑珌，出土于刘贺墓西藏椁。

玉剑首

直径 4.8、厚 1.8 厘米。

玉剑格

宽 5.6、高 2.2、厚 2.0 厘米。

玉剑璏

玉剑珌

顶部长径 3.7、短径 1.3 厘米，

底部长径 4.7、短径 1.4 厘米，

高 3.9 厘米。

058 西汉玉具剑

Western Han Dynasty Jade Sword Fitting

一套3件，包括白玉剑首、兽面纹黄玉剑格和谷纹青玉剑璏，出土于刘贺墓主椁室。

玉剑首

长2.3、宽1.8、厚1.3厘米。

玉剑格

宽5.1、高1.5、厚2.2厘米。

玉剑璏

璏面长8.3、宽1.9、高1.0厘米。

059 西汉玉具剑

Western Han Dynasty Jade Sword Fitting

一套 2 件，包括兽面纹白玉剑格和兽面纹白玉剑璏，出土于刘贺墓西藏椁。

玉剑格

宽 5.5，高 2.2、厚 1.6 厘米。

玉剑璏

璏面长 10.9、宽 2.5、高 1.4 厘米。

060 西汉玉具剑

Western Han Dynasty Jade Sword Fitting

一套2件，包括螭虎纹白玉剑格和螭虎纹白玉剑璏，出土于刘贺墓西藏椁。

玉剑格

宽5.9、高2.4、厚2.8厘米。

玉剑璏

璏面长11.0、宽2.6、高2.5厘米。

061 西汉玉具剑

Western Han Dynasty Jade Sword Fitting

一套 2 件，包括螭虎纹白玉剑格和螭虎纹白玉剑璏，出土于刘贺墓西藏椁。

玉剑格

宽 5.2、高 1.7、厚 2.1 厘米。

玉剑璏

璏面长 10.4、宽 2.4、高 2.5 厘米。

062 西汉玉具剑

Western Han Dynasty Jade Sword Fitting

一套 2 件，包括螭虎纹白玉剑格和螭虎纹白玉剑璏，出土于刘贺墓西藏椁。

玉剑格

宽 5.5、高 2.1、厚 2.3 厘米。

玉剑璏

璏面长 10.4、宽 2.1、高 1.8 厘米。

063 西汉玉具剑

Western Han Dynasty Jade Sword Fitting

一套2件，包括螭虎纹白玉剑格和螭虎纹白玉剑璏，出土于刘贺墓西藏椁。

玉剑格

宽5.8、高2.4、厚2.8厘米。

玉剑璏

璏面长12.2、宽2.3、高2.4厘米。

064 西汉玉具剑

Western Han Dynasty Jade Sword Fitting

一套2件，包括兽面纹白玉剑格和兽面纹白玉剑璏，出土于刘贺墓内、外棺之间。

玉剑格

宽5.5、高2.1、厚1.8厘米。

玉剑璏

璏面长11.0、宽2.3、高1.3厘米。

065 西汉玉具剑

Western Han Dynasty Jade Sword Fitting

一套2件，包括兽面纹白玉剑格和兽面纹白玉剑璏，出土于刘贺墓西藏椁。

玉剑格

宽5.5、高2.4、厚1.6厘米。

玉剑璏

璏面长12.2、宽2.4、高1.5厘米。

066 西汉玛瑙具剑

Western Han Dynasty Agate Sword Fitting

一套3件，包括青铜剑首、红缟玛瑙剑格和红缟玛瑙剑璏，出土于刘贺墓内棺。

青铜剑首，
直径3.0、高2.5厘米。

玛瑙剑格
宽5.5、高1.8、厚1.8厘米。

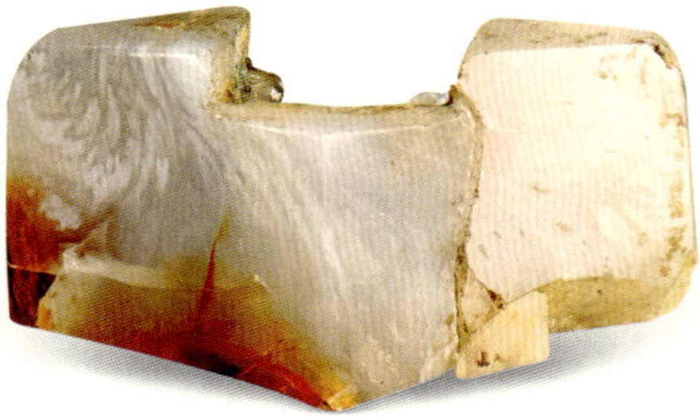

玛瑙剑璏，
璏面长5.5、宽1.8、高1.8厘米。

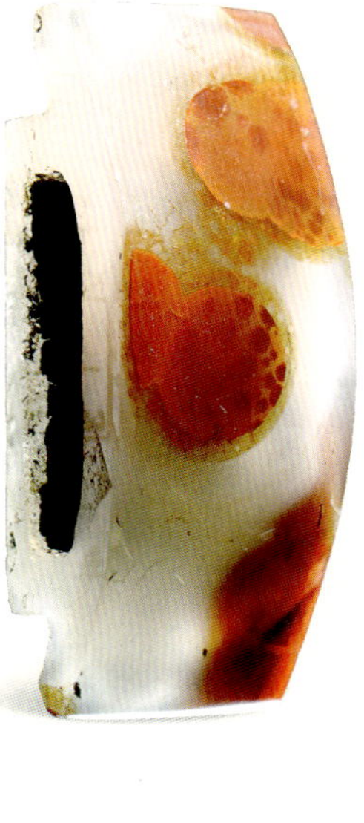

067 西汉玛瑙具剑

Western Han Dynasty Agate Sword Fitting

一套2件，包括玛瑙剑格和玛瑙剑璏，出土于刘贺墓西藏椁。

剑格

宽 5.4、高 2.0、厚 2.2 厘米。

剑璏

璏面长 8.4、宽 2.4、高 1.8 厘米。

068 西汉兽面纹玉剑首

Western Han Dynasty Jade Sword Ornament

长径 2.9、短径 2.0、高 1.3 厘米，出土于刘贺墓西藏椁。白玉，质地莹润，有光泽。中部弧凸，两侧渐薄，顶面钻一圆形孔，正视图呈长方形，横截面呈椭圆形。器身两侧面纹饰相同，饰阴刻兽面纹，兽面沿剑珌中线左右对称，鼻子用两条卷阴线组成，用粗线条碾琢成矩形眼，眼眶上方有外延向上倾斜的丝束眉，中央冠饰出尖。

069 西汉玛瑙剑首

Western Han Dynasty Agate Sword Ornament

长径 2.5、短径 1.6、高 1.4 厘米，出土于刘贺墓西藏椁。玛瑙，红色较深，内有红黄色缟丝纹，质地细腻纯净。

070 西汉石剑首

Western Han Dynasty Stone Sword Ornament

长径 3.1、短径 2.0、高 1.4 厘米，出土于刘贺墓西藏椁。辉岩石质，纯黑色，质地细腻，石质感强，密不透光。

071 西汉柿蒂纹云纹玉剑首

Western Han Dynasty Jade Sword Ornament

直径 4.3、厚 1.0 厘米，出土于刘贺墓西藏椁。糖玉，黄褐色沁。作圆饼状，正面中心下凹，以绹索纹将纹饰分为内外两区。内区饰对称阴刻四瓣柿蒂纹；外区阴刻 8 个正反相间的卷云纹。背面中央榫卯部位呈圆形凸起，中间管钻一圆槽，圆形外缘表面穿一隧孔。

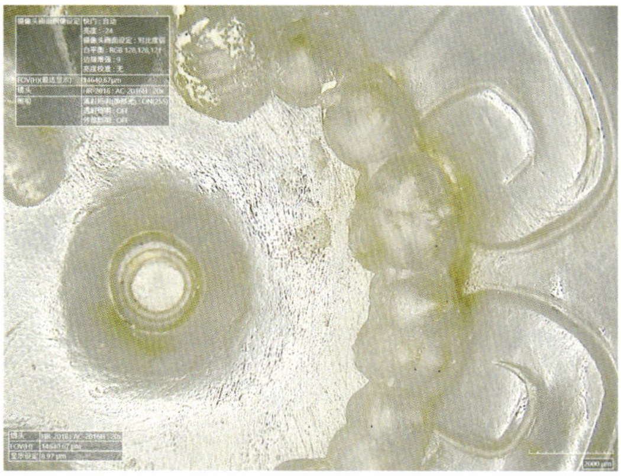

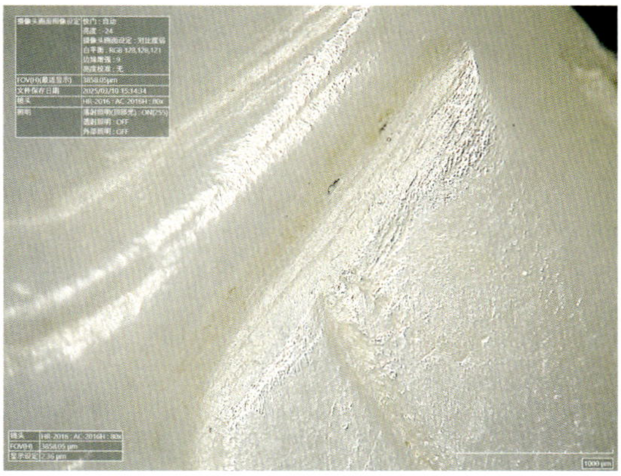

072 西汉柿蒂纹玉剑首

Western Han Dynasty Jade Sword Ornament

直径 3.2、厚 1.1 厘米，出土于刘贺墓西藏椁。白玉，有少量黄色沁。扁体圆形，正面内凹，内区中央有一圆形凹坑，外区浅浮雕四瓣柿蒂纹。器表抛光好。

073 西汉玉剑首
Western Han Dynasty Jade Sword Ornament

直径 3.8、厚 1.0 厘米，出土于刘贺墓西藏椁。白玉，有黑黄色沁。呈扁体圆形，正面内凹，分内外两区，内区中央有一圆形小凹坑。

074 西汉螭纹云纹玉剑首
Western Han Dynasty Jade Sword Ornament

直径 5.3、厚 1.6 厘米，出土于刘贺墓主椁室。白玉，有灰黑色沁。剑首平面呈圆形。正面分内外两区，内区为圆形凸起，其上浅浮雕有卷云纹，外区浮雕 2 只螭虎，首似梯形、S 形身躯、腰部隐没、尾长回卷，双螭基本呈中心对称。

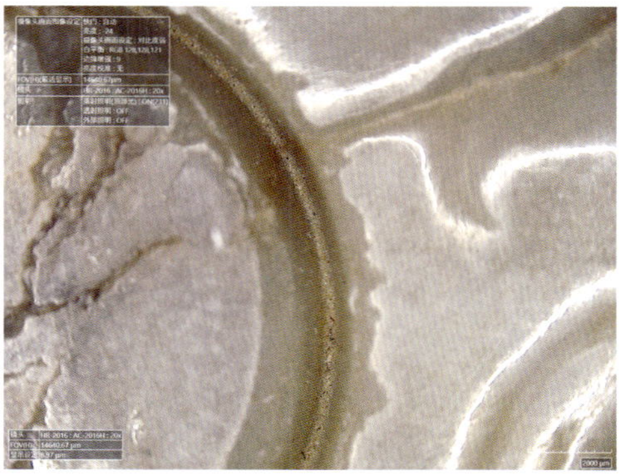

075 西汉出廓螭纹柿蒂纹玉剑首

Western Han Dynasty Jade Sword Ornament

直径 6.6、厚 1.0 厘米，出土于刘贺墓西藏椁。白玉，细腻温润，局部有黑色和黄色沁。剑首正视呈圆饼形，正面中间为压地浅浮雕柿蒂纹。低面微凹，中间管钻一圆槽，浮雕螭虎纹，首尾出廓。

076 西汉玉剑格

Western Han Dynasty Jade Sword Ornament

宽 5.4、高 2.4、厚 1.8 厘米，出土于刘贺墓西藏椁。白玉，受沁严重、局部可见原有白色。素面无纹。正视外轮廓近似长方形，上端中部琢一凹形缺口、侧面中间起脊，下端出尖，中有穿孔。

077 西汉兽面纹玉剑格

Western Han Dynasty Jade Sword Ornament

宽 4.6、高 1.8、厚 1.4 厘米，出土于刘贺墓西藏椁。白玉，局部有褐色沁。正视外轮廓近似长方形，上端中部琢一凹形缺口；侧面中间起脊，下端出尖，中有穿孔。四周以阴刻线琢出边框，正面以中脊为轴浅浮雕刻兽面纹。

078 西汉兽面纹玉剑格

Western Han Dynasty Jade Sword Ornament

宽 5.9、高 2.2、厚 1.7 厘米，出土于刘贺墓西藏椁。白玉，呈青灰色，受沁严重。横截面菱形，上端中部琢出凹缺，侧面中间起脊，下端出尖，中有穿孔，底部孔沿处琢有凹槽。四周以阴刻线琢出边框，以中脊为轴雕刻兽面纹，以粗线条碾刻眼眶，矩形眼，眼球微凸，眼眶上方有外延向上倾斜的丝束眉，鼻子用两条卷阴线组成，并在两侧有阴刻弧线表示须毛。躯体由卷云纹构成，左右两侧对称分布。

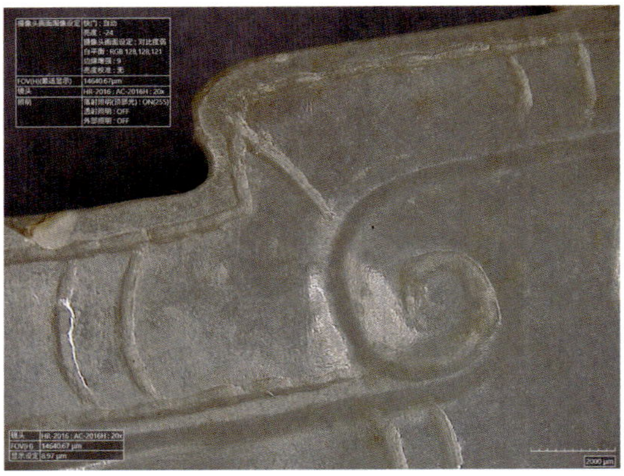

079 西汉兽面纹玉剑格

Western Han Dynasty Jade Sword Ornament

宽 5.4、高 2.4、厚 2.0 厘米，出土于刘贺墓西藏椁。白玉，质地白皙莹润，有光泽。外轮廓近似长方形，上端中部琢一凹缺，侧面中间起脊，下端出尖，两侧斜收，中有穿孔。器身两面以剑格中脊为基线，左右饰对称浅浮雕兽面纹。

080 西汉浮雕螭纹玉剑格

Western Han Dynasty Jade Sword Ornament

宽 5.6、高 2.2、厚 2.0 厘米，出土于刘贺墓西藏椁。白玉。

081 西汉浮雕螭纹玉剑格
Western Han Dynasty Jade Sword Ornament

宽 5.4、高 2.0、厚 2.2 厘米，出土于刘贺墓西藏椁。青白玉，局部有灰褐色沁。正视外轮廓近似长方形，上端中部琢一凹形缺口，侧面中间起脊，下端出尖，中有穿孔。一面四周琢出阴刻线边框，饰高浮雕螭虎纹，螭虎呈爬行状，梯形头，圆眼，直鼻方口，身躯瘦长，呈 S 形，绞丝长尾上翘而内收，以阴刻线勾勒细节。另一面阴刻兽面纹。

082 西汉浮雕螭纹玉剑格

Western Han Dynasty Jade Sword Ornament

宽 5.7、高 2.3、厚 2.2 厘米，出土于刘贺墓西藏椁。白玉，密布灰黑色沁。

083 西汉浮雕螭纹玉剑格

Western Han Dynasty Jade Sword Ornament

宽 5.6、高 2.1、厚 2.3 厘米，出土于刘贺墓西藏椁。白玉，局部有灰黑色沁。

084 西汉浮雕螭纹玉剑格
Western Han Dynasty Jade Sword Ornament

宽 5.7、高 1.8、厚 2.1 厘米，出土于刘贺墓西藏椁。白玉，有褐色沁。断面菱形，上端中部琢一凹形缺口；侧面中间起脊，下端出尖，中有穿孔。一侧面浮雕长角穿云螭纹。另一侧面以中脊为鼻，阴刻兽面纹，两边对称，方眼，躯干曲折外展并饰卷云纹。

085 西汉浮雕螭纹玉剑璏
Western Han Dynasty Jade Sword Ornament

璏面长 12.3、宽 2.4，高 2.5 厘米，出土于刘贺墓西藏椁。白玉，受沁较严重。

086 西汉浮雕螭纹玉剑璏

Western Han Dynasty Jade Sword Ornament

玉剑璏 1，璏面长 11.0、宽 2.3、高 2.3 厘米；玉剑璏 2，璏面长 9.8、宽 2.3、高 2.3 厘米，出土于刘充国墓。白玉，表面钙化，有黄色和灰黑色沁。呈长方形，两端出檐，下垂，向内微卷，背面长方形仓偏向一侧，正面微拱，正面两长边碾出凹形压边线，两侧缘呈斜坡状。正面浅浮雕一大一小两只相互对望的子母螭。母螭首呈梯形，S 形躯干，圆眼，四足，绞丝卷尾，用阴刻线勾勒细节。子螭尖嘴，C 形躯干，绞丝卷尾。子母螭画面生动、动感十足。

087 西汉浮雕螭纹玉剑璏

Western Han Dynasty Jade Sword Ornament

璏面长 10.2、宽 2.0、高 2.2 厘米，出土于刘贺墓西藏椁。白玉，有少量灰黑色沁。

088 西汉浮雕螭纹玉剑璏

Western Han Dynasty Jade Sword Ornament

璏面长 11.3、宽 2.5、高 2.2 厘米，出土于刘贺墓西藏椁。青白玉，局部有黑色沁。璏面浮雕三只大小螭，为子母螭。母螭居中占据二分之一以上位置，头如梯形，微微昂首，身如 S 形，四肢有力，呈爬行状，长尾回卷。母螭前方一小螭与其对视，后方另一小螭紧随其后、两只小螭身体弯曲呈 C 形，形象生动活泼。

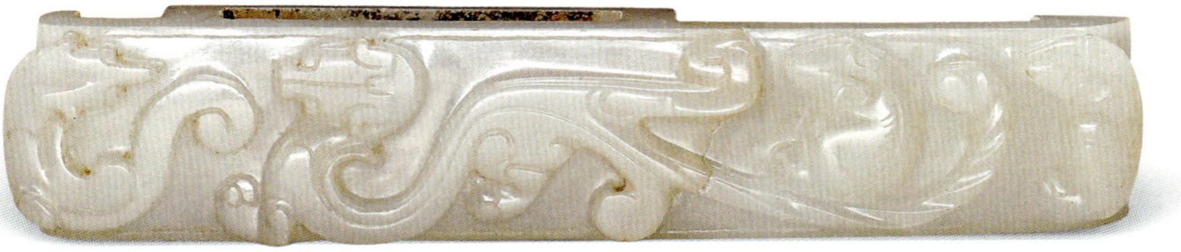

089 西汉浮雕螭纹玉剑璏

Western Han Dynasty Jade Sword Ornament

璏面长 12.0、宽 2.3、高 1.7 厘米，出土于刘贺墓西藏椁。白玉。正面高浮雕子母螭，母螭身后尾随 2 只熊。

090 西汉浮雕螭纹玉剑璏

Western Han Dynasty Jade Sword Ornament

璏面长 10.1、宽 2.5、高 2.1 厘米，出土于刘贺墓西藏椁。白玉，有灰黑色沁。高浮雕主体为子母螭对视，一熊咬住母螭尾部。

091 西汉浮雕龙纹玉剑璏
Western Han Dynasty Jade Sword Ornament

璏面长 7.3、宽 1.9、高 1.7 厘米，出土于刘贺墓西藏椁。白玉，局部有黑色沁。璏面以浅浮雕双龙纹，呈回首对视状，一龙眼睛似菱形，另一龙眼睛如水滴形，双龙嘴部闭合、上下颚前伸，整体头部细节清晰，用阴刻线勾勒龙身。两侧缘呈斜坡状。

092 西汉龙纹玉剑璏
Western Han Dynasty Jade Sword Ornament

璏面长 5.5、宽 2.2、高 2.0 厘米，出土于刘贺墓西藏椁，镶嵌于剑鞘之上。白玉。局部有黑色沁。璏面浅浮雕龙纹，龙嘴闭合、颚部前伸、眼似菱形、长躯弯曲。

093 西汉云纹玉剑璏
Western Han Dynasty Jade Sword Ornament

璏面长 8.7、宽 2.5、高 1.3 厘米，出土于刘贺墓西藏椁。白玉，有少量淡黄色沁。正面一端浅浮雕兽面纹，圆眼宽鼻，眼眶上方有外延向内微卷丝束眉，额部有卷云纹冠饰，冠饰中间出尖形成一条直线延至另一端，直线两侧饰以 5 组对称的卷云纹，且正反相间分布。两侧缘呈斜坡状。

094 西汉云纹玉剑璏
Western Han Dynasty Jade Sword Ornament

璏面长 13.1、宽 2.5、高 1.5 厘米，出土于刘贺墓主椁室。白玉，有少量灰黑色沁。

095 西汉谷纹玉剑璏

Western Han Dynasty Jade Sword Ornament

璏面长 11.4、宽 2.4、高 1.6 厘米，出土于刘贺墓西藏椁。青白玉，有灰黑色沁。璏面一端阴刻短线纹，另一端浅浮雕兽面纹，用粗线碾刻矩形眼眶，眼睛微凸，细阴刻线组成束丝眉上扬弯曲，尖顶形的额饰内填有卷云纹。璏面饰以密集的浅浮雕带芽谷纹，谷纹排列有序，疏密有致。

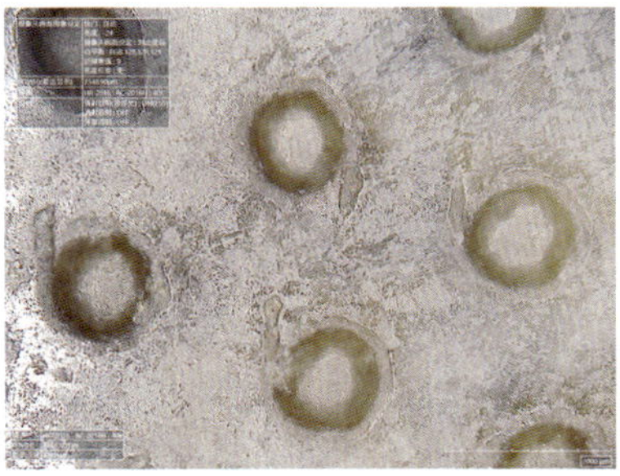

096 西汉谷纹玉剑璏

Western Han Dynasty Jade Sword Ornament

璏面长 8.9、宽 2.4、高 1.4 厘米，出土于刘贺墓西藏椁。青玉，器身散布黄褐色沁。

097 西汉谷纹玉剑璏

Western Han Dynasty Jade Sword Ornament

璏面长 7.0、宽 1.2、高 1.1 厘米，出土于刘贺墓西藏椁。白玉，有深色沁。正面浅浮雕谷纹。

098 西汉蒲纹玉剑璏

Western Han Dynasty Jade Sword Ornament

璏面长 7.7、宽 1.8、高 1.3 厘米。出土于刘贺墓西藏椁。白玉，密布灰褐色沁。璏面阴刻凤鸟纹，鸟作回首状，圆眼，尖喙，鸟身浅浮雕蒲纹。

099　西汉玛瑙剑璏
Western Han Dynasty Agate Sword Ornament

璏面长 5.2、宽 2.3、高 1.5 厘米，出土于刘贺墓西藏椁。正面微拱，两端出檐，微内卷。

100　西汉玉剑珌
Western Han Dynasty Jade Sword Ornament

长径 2.0、短径 0.8、高 1.2 厘米，出土于刘贺墓西藏椁。青白玉，遍布黄黑色沁，素面无纹。扁体直身，中部凸起，两侧渐薄，顶面钻孔，横截面呈梭形。器表打磨抛光。

101 西汉玛瑙剑珌

Western Han Dynasty Agate Sword Ornament

长径 2.8、短径 1.1、高 1.1 厘米，出土于刘贺墓西藏椁。玛瑙，透光度较好。素面无纹。正视呈长方形，中间凸起，两端渐薄，横截面呈梭形。

102 西汉玉剑珌

Western Han Dynasty Jade Sword Ornament

顶部长径2.3、短径1.0厘米，底部长径2.6、短径1.2厘米，高3.5厘米，出土于刘充国墓。青白玉，表面有大量色沁，素面无纹。正视呈梯形，上窄下宽，中间为一凸起方形面，两侧渐斜，顶部中间钻1个大孔，两侧各有1个小斜穿。

103 西汉玉剑珌

Western Han Dynasty Jade Sword Ornament

顶部长径 2.3、短径 0.8 厘米，底部长径 2.5、短径 0.8 厘米，高 1.6 厘米，出土于刘贺墓西藏椁。白玉，遍布丝状沁，素面。扁体直身，中部弧起，两侧渐薄，顶部正中有一圆角长方形孔，横截面呈梭形。

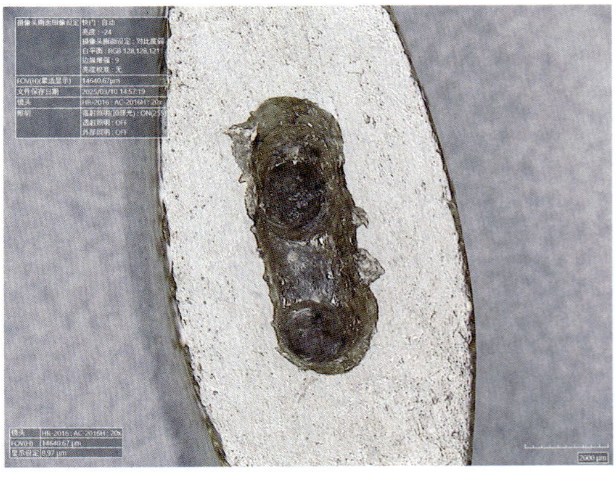

104 西汉玉剑珌

Western Han Dynasty Jade Sword Ornament

顶部长径3.8、短径1.3厘米，底部长径4.4、短径1.4厘米，高3.1厘米，出土于刘贺墓西藏椁。青白玉，遍布黄褐色沁，素面。呈梯形，上窄下宽，中部弧起，两边渐薄，顶面钻孔，横截面呈梭形。

105 西汉蒲纹玉剑珌

Western Han Dynasty Jade Sword Ornament

顶部长径4.5、短径1.3厘米，底部长径5.1、短径1.5厘米，高3.6厘米，出土于刘贺墓西藏椁。糖玉，遍布黄褐色沁。呈扁体梯形，上窄下宽，中部凸起，两端渐薄，腰部微收，顶面钻孔。以回字形边框分为内外两区，内区饰规整的浅浮雕蒲纹，外区饰对称分布4组阴刻几何纹饰，四角阴刻斜线区隔。

106 西汉龙凤纹玉剑珌
Western Han Dynasty Jade Sword Ornament

顶部长径 5.3、短径 1.5 厘米，底部长径 6.2、短径 1.5 厘米，高 3.5 厘米，出土于刘贺墓西藏椁。白玉，有黄褐色沁。呈扁梯形，上窄下宽，中部微弧，两侧渐薄，顶面钻孔。四周以阴刻线琢出边框，正面饰浅浮雕龙纹，龙作回首状，水滴眼，叶状角，张口露齿，长尾弯曲；背面阴刻凤鸟纹，尖冠圆眼，勾喙曲颈，长尾分叉。

107 西汉螭纹石剑珌

Western Han Dynasty Stone Sword Ornament

长径 5.2、短径 2.2、高 3.1 厘米，出土于刘贺墓西藏椁。黄蜡石，有浅黄色沁。俯视上端断面呈橄榄形，其中部管钻一直孔。正视侧面呈不规则梯形，其中一侧面深浮雕盘绕虬曲、姿态各异的 2 只螭虎，一只昂首咧嘴、鼓眼阔鼻、躯干蜷曲、长尾内收，一只呈垂首爬行状、身躯弯曲、绞丝长尾，双螭背向而行，另一侧面则浅浮雕一只螭虎。

108 西汉兽面纹玉剑珌

Western Han Dynasty Jade Sword Ornament

顶部长径 2.8、短径 0.8 厘米，底部长径 3.2、短径 1.2 厘米，高 1.5 厘米，出土于刘贺墓西藏椁。糖玉，遍布褐色沁。四周以阴刻线琢出边框，体呈梯形，中部弧起，两侧渐薄，顶面钻孔。器身饰兽面纹。

109 西汉梯形玉板

Western Han Dynasty Jade Ornament

上底长 15.5、下底长 16.5、高 16.5、厚 0.3 厘米，出土于刘贺墓内棺。青白玉。玉饰共 2 件，系墓主刘贺漆枕两端的装饰物。玉饰轻薄，温和莹润，半透明，梯形状，表面有部分黑色和朱砂颜料纹饰残留，绘一大圆一小圆的环形，两圆之间饰卷云纹。

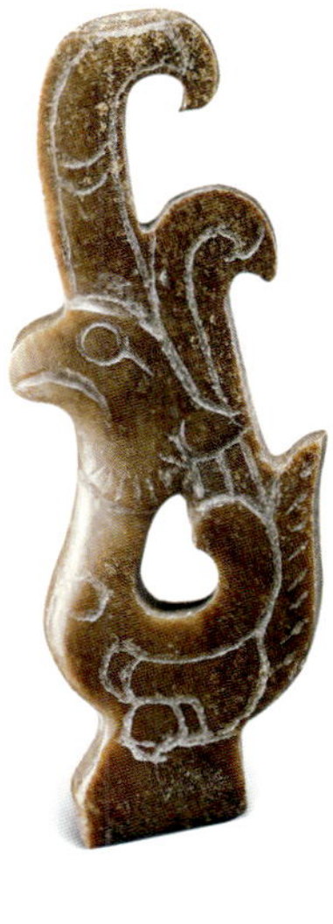

110 西汉凤鸟形玉饰
Western Han Dynasty Jade Ornament

共3件。通高4.3、宽1.7厘米，出土于刘贺墓主椁室。白玉，有褐色沁，凤鸟立姿，圆眼，短尖喙，叶形耳，分支长尾高出头顶回卷，颈部和翅膀阴刻线以表现羽毛，底部有孔。

111 西汉玉嵌饰

Western Han Dynasty Jade Ornament

一组 10 件，白玉，出土于刘贺墓西藏椁，系一件漆樽的嵌饰，包括 2 件透雕长冠鸟形盖纽和位于樽腹部的 1 件螭虎形鋬、2 件双狼噬猪纹饰、2 件熊形饰、2 件龙首形饰和 2 件鸟纹长方形饰。鸟形饰，通高 3.0、宽 2.3、厚 0.5 厘米。螭虎形鋬，长 3.2、宽 1.5、通高 1.8 厘米。双狼噬猪纹饰，长 5.4、宽 3.7 厘米。熊形饰，通高 5.3、宽 4.1 厘米。龙首形饰，通高 4.2、宽 5.8 厘米。

112 西汉龙形玉饰

Western Han Dynasty Jade Ornament

通高 4.9、宽 4.0 厘米，出土于刘贺墓西藏椁。青玉，有灰黑色沁。片状，采用透雕工艺，龙回首低垂，水滴形眼，上颌上翘，下颌向内弯卷，张口衔珠，额上鬃毛分枝回卷。以阴刻线勾勒龙的身体细节。

113 西汉青铜座博山形玉瑟枘

Western Han Dynasty Jade Ornament

通高 4.5、直径 4.2 厘米，出土于刘贺墓主椁室。由青铜底座和筒形玉饰两部分组成。玉饰有灰黑色和灰白色沁，筒形，底部相连，饰一圈凹弦纹，上部等距离透雕 5 个冠形纹样，各冠中央均管钻一个未通的圆孔。玉饰置于青铜底座之上，青铜底座上部为圆形托盘，边缘凸起卷云纹，托盘上等距离分布 5 个青铜卡扣，下部铸有方形立柱，中空。该器应是漆瑟上的瑟枘。

114 西汉青铜釦玉盖

Western Han Dynasty Jade Lid with Bronze Fastener

青铜釦直径 6.2、玉环直径 6.0、玉珠直径 1.9 厘米，出土于刘贺墓主椁室。由青铜底座、玉环和玉珠三部分组成。玉饰有黄色沁，素面无纹。圆形青铜底座上等距离装饰 3 个兽形卡扣，各有一小孔。

115 西汉青铜釦玉盖

Western Han Dynasty Jade Lid with Bronze Fastener

青铜釦直径 6.9、玉盖直径 4.3、通高 3.0 厘米，出土于刘贺墓主椁室。由青铜底座和玉盖组成。玉盖有褐色沁，上有一半环形纽，内有一玉环，采用了活环工艺。玉盖正面用细阴刻线刻画纹饰。青铜底座，圆形，有似山峦的凸起物及 3 个凹槽，玉盖外沿有 3 个锁舌，嵌入铜环凹槽内，构成铜镶玉。

116 西汉凤鸟纹玉耳杯

Western Han Dynasty Jade Cup

长12.3、宽9.7、通高3.0厘米，出土于刘贺墓主椁室。白玉，有灰褐色沁。椭圆形，月牙形双耳，浅弧腹，平底。2个月芽形耳纹饰相同，耳面中间饰柿叶纹，两侧阴刻对称卷云纹，配以4个阴刻圆环。口沿外侧阴刻一圈卷云纹，外壁两端浅浮雕兽面纹，其余阴刻鸟云纹、云气纹和柿蒂纹。外侧底部内凹，底部阴刻一只凤鸟，尖嘴、圆眼，S形身，尾部交叉，中央阴刻一圆环。内壁下端阴刻椭圆环形纹饰带，阴刻一周卷云纹；内壁底部阴刻椭圆环形，饰2只上下相对的凤鸟纹，凤鸟尖嘴、圆眼，S形身，尾部交叉，为典型的楚式凤鸟纹。此杯由整块玉料雕琢而成，采用掏膛工艺，雕琢精美，属玉器珍品。

117 西汉兽面铺首三足玉樽

Western Han Dynasty Jade Zun

高 2.5、口径 4.1 厘米，出土于刘充国墓。白玉，已钙化，局部有浅黄色沁。直口，平沿，直壁，三蹄足。樽内壁光素无纹，外壁上部和近底部各阴刻一圈弦纹，两道弦纹之间阴刻云气纹。外壁中部浮雕 2 个兽面纹铺首。水滴眼，鼻凸作纽，中间管钻圆形孔洞。此玉樽器形娇小，造型奇特。

118 战国龙纹玉珩
Warring States Period Jade Heng

长 17.3、通高 3.6 厘米，出土于刘贺墓西藏椁。白玉，局部有黄褐色沁。薄片状，弧形，双面雕同体双龙，两端龙首对称，叶形耳，水滴眼，口微张，上唇厚大微翘，下颌内卷，下獠牙尖锐。龙身砣刻弧线、云纹和如意纹，凸弧一侧正中穿一小孔。

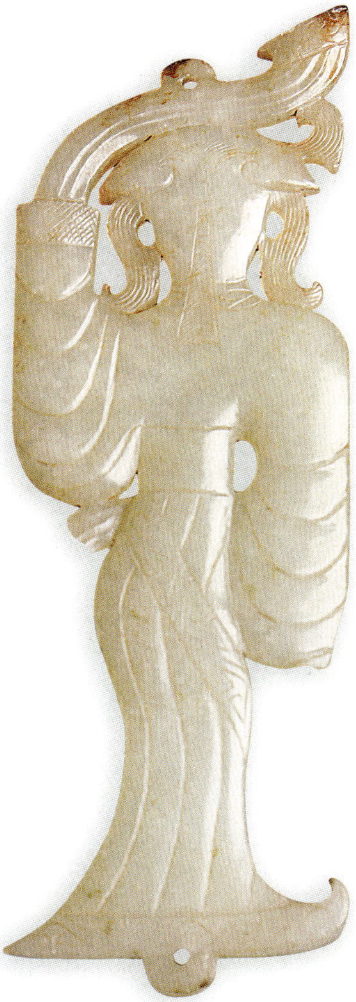

119 战国舞人玉佩

Warring States Period Jade Pendant

通高9.2、宽3.1厘米，出土于刘贺墓西藏椁。白玉，有浅黄色沁。片状，双面透雕舞女，瓜子脸，细眉，水滴眼，长直鼻，小嘴，前发扇形覆额，脑后长发编辫，两鬓有盛髫空出双耳；身着右衽袍服，袖口、衣缘均有缘饰，衣长曳地，腰间束带，左臂上举，扬袂于头上作舞，右臂横置腹前。玉佩细部由单阴线刻划，上、下各出一个半圆穿孔凸起，可供系佩。此类玉舞人的形象见于战国末期，可能是墓主人收藏的旧玉。

120 战国兽面纹玉剑格
Warring States Period Jade Sword Ornament

宽 4.5、高 1.1、厚 1.6 厘米，出土于刘贺墓西藏椁。白玉，质地温润，横截面菱形，上端中部琢一凹缺，侧面中间起脊，下端呈水平状，未出尖，中有穿孔，底部孔沿处琢有凹槽。四周以阴刻线琢出边框，正面以中脊为轴雕刻兽面纹。

121 春秋红缟玛瑙剑璏
Spring and Autumn Period Agate Sword Ornament

璏面长 3.5、宽 2.0、高 1.8 厘米，出土于刘充国墓。玛瑙，纯净透亮，素面无纹，呈扁管形，弧角长方形仓居中。

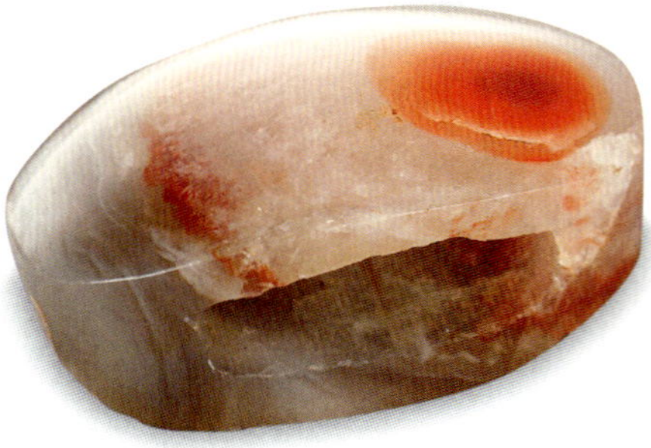

122 战国玉剑璏
Warring States Period Jade Sword Ornament

璏面长 4.0、宽 0.8、高 1.3 厘米，出土于刘贺墓西藏椁。白玉，有黄褐色沁。正视呈长方形，璏面微拱，两端出檐，双檐等长，不下卷，长方形穿孔位于中间。器表打磨抛光好。

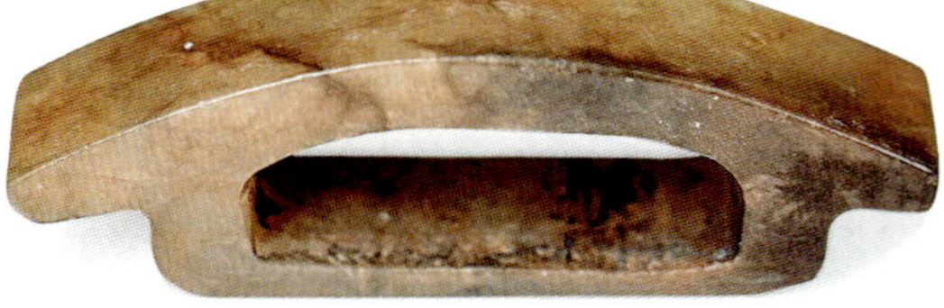

123 战国谷纹玉剑璏
Warring States Period Jade Sword Ornament

璏面长 4.7、宽 2.3、高 1.4 厘米，出土于刘贺墓西藏椁。青白玉，有褐色沁。正视呈长方形，中间凸起，向两侧下斜，背面椭圆形仓居中。正面两长边碾出凹形压边线，饰浅浮雕谷纹。

124 战国勾连谷纹玉剑璏
Warring States Period Jade Sword Ornament

璏面长 4.0、宽 1.8、高 1.3 厘米，出土于刘贺墓西藏椁。白玉，器表有淡黄色沁。体呈长方拱形，璏面平直，两端出平檐，背面正中有长方形仓。璏面均匀分布浅浮雕勾连乳丁纹。

125 战国龙形玉饰

Warring States Period Jade Ornament

玉饰 1，长 5.5、宽 5.0、高 8.5 厘米；玉饰 2，长 6.2、宽 5.8、高 6.8 厘米，出土于刘贺墓主椁室。共 2 件，造型、装饰风格相同。白玉，有褐色沁，龙首前伸，圆眼，下颌上翘，上颌外卷，闭口；龙身竖直，两侧出钩形翼，翼饰羽鳞状纹，背饰一素面拱形横穿孔纽；龙尾盘旋呈筒形。龙通身表面浅浮雕蟠虺纹龙首纹。从上向下俯视，外轮廓呈方形，内壁呈圆形曲面，总体呈内圆外方之态。

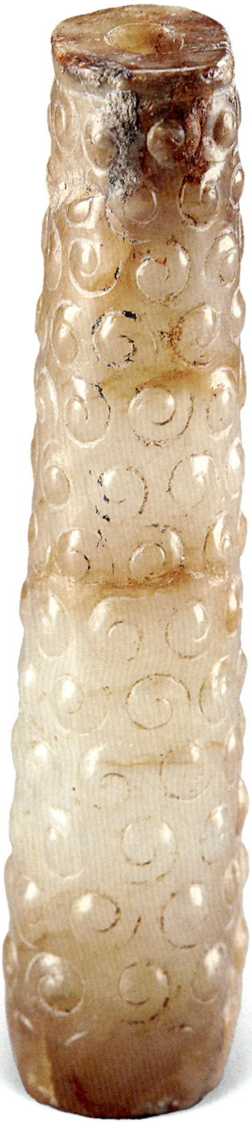

126 战国谷纹玉勒
Warring States Period Jade Le

长 5.6、粗端直径 0.94、细端直径 1.06 厘米，出土于刘贺墓内棺。白玉，局部有浅黄色沁。圆柱体状，对穿一圆孔，两端粗细不一，粗端微收成圆形，细端渐成椭圆形。器身浅浮雕和阴刻规整饱满的谷纹。

后记

五载春秋，跬步千里。我们精心编纂海昏文化丛书之《美玉海昏》，向开馆五周年献礼。本书系统呈现了近年来海昏侯刘贺墓园出土玉器资料整理、保护修复与学术研究的最新成果，是目前国内外首部海昏侯刘贺墓园出土玉器专题出版物。

《美玉海昏》书中精选了海昏侯刘贺墓园出土最具代表性的126件（套）玉石器，涵盖礼仪用玉、装饰用玉、丧葬用玉等20余种类型，除少数前代遗留的旧玉外，绝大多数属典型的西汉中后期汉玉代表，为研究汉代玉器的工艺、文化提供了珍贵的实物资料。全书由彭明瀚撰写概述；器物说明由范丽君、桂艳琴、江宇、饶菲、刘荣晖、周里玲、胡露等人撰写，照片由张冰、赵可明、乐腾飞、江宇、王雨夕等人拍摄；书名4个隶书字，系从刘贺墓出土简牍中辑出。江西人民出版社对本书给予高度重视，责任编辑王醴颉、李姗严谨细致、精益求精。在本书付梓之际，谨向所有为海昏文化遗产保护与研究事业付出心血的领导、专家学者和同仁们致以最崇高的敬意，并向长期以来关心和支持海昏文化传承发展的社会各界人士表示衷心感谢！

南昌汉代海昏侯国遗址博物馆

2025年7月

图书在版编目（CIP）数据
美玉海昏 ：刘贺墓园出土玉器 / 彭明瀚编著 ；南昌汉代海昏侯国遗址博物馆编. -- 南昌 ：江西人民出版社，2025. 8. -- (海昏文化丛书). -- ISBN 978-7-210-16713-6
Ⅰ. K876.84
中国国家版本馆CIP数据核字第20259KA273号

美玉海昏：刘贺墓园出土玉器
MEIYU HAIHUN: LIU HE MUYUAN CHUTU YUQI

彭明瀚编著　南昌汉代海昏侯国遗址博物馆编

出 品 人：梁　菁
项目统筹：黄心刚
策划编辑：王醴颉
责任编辑：王醴颉　李　姗
发行总监：王　翱
责任印制：万　鑫
书籍设计：北京德文彩艺视觉设计有限公司

江西人民出版社 Jiangxi People's Publishing House 全国百佳出版社 出版发行

地　　址：江西省南昌市三经路 47 号附 1 号（邮编：330006）
网　　址：www.jxpph.com
电子信箱：jxpph@tom.com
编辑部电话：0791-86899380
发行部电话：0791-86898815
承 印 厂：雅昌文化（集团）有限公司
经　　销：各地新华书店

开　　本：787 毫米 ×1092 毫米　1/16
印　　张：10.5
字　　数：150 千字
版　　次：2025 年 8 月第 1 版
印　　次：2025 年 8 月第 1 次印刷
书　　号：ISBN 978-7-210-16713-6
定　　价：168.00 元
赣版权登字 -01-2025-427

版权所有　侵权必究
赣人版图书凡属印刷、装订错误，请随时与江西人民出版社联系调换。
服务电话：0791-86898820